17

FOTO**TORST**

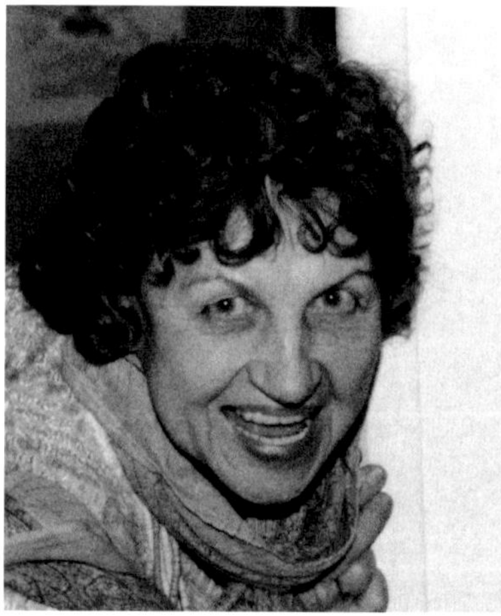

ANNA FÁROVÁ
JANA HORVÁTHOVÁ

Eva **Davidová**

TORST

Jsme rádi, že jsme mohli přispět ke vzniku této publikace.

fotograf v zahradě

Kniha byla vydána ve spolupráci s Ministerstvem kultury České republiky.

ISBN 80-7215-234-3

The Photography of Eva Davidová, Ethnographer

In her work Eva Davidová (b. 1932) has grasped the essence, the basic function of the medium of photography – namely, service to others and knowledge. She has based herself on both amateur photography and her occupation as ethnographer and sociologist, and, linking both, she has taken advantage of what photography offers in making a sociological record of the life of the Gypsies. From the start, her approach has not been that of a professional photographer, but that of a documentarist who makes precise, detailed records of what she sees and gathers as research material. Photography was long merely a means to that end; only later did it become a source of pictures that have a life of their own.

At first she made mistakes that a professional photographer wouldn't make. She made up for them with cropping; sometimes her photographs suffered from shortcomings in her technique. She also underestimated the basic simplicity of seeing, which she is only now beginning to appreciate and which is returning photographic clarity to earlier photographs that she is reprinting from old negatives. Nor has she been particularly systematic in cataloguing her negatives.

During half a century of uninterrupted work, Davidová's greatest asset has been the humility she shows towards her topic, the Gypsies. Although she has photographed other topics related to ethnography, as well as Nature and her travels, it is the life of Gypsies that has predominated. She has generally had no artistic ambitions in this work, though she has lately been making greater demands on herself in this respect. She is, however, not interested in mere aesthetics or art in itself. Her work is an inquiry into who the Gypsies are.

That is an unusual quality in Czech photography. Davidová does not want to make beautiful pictures. She wants to report, to bear witness of lasting value. Her work is in that sense similar to that of Zdeněk Tmej (1920–2004) in his set of photographs of forced laborers in the Reich during the Second World War. She remains true to her topic; it has been her life-long interest, and she has devoted herself to it as an ethnographer. Yet her photographs are not merely a documentary statement; they are photographs on a subject, and reflect her personal relationship and approach to that topic.

The unique quality of Davidová's work stands out more when we compare her with two other Czech photographers, one of whom is about ten years her senior and the other about ten years her junior. The first is Václav Chochola (b. 1923), who has excelled as a chronicler and has also devoted almost his whole life to his topics, predominantly Prague artists. He, however, is a professional, artistically unique, like Tmej. Bohdan Holomíček (b. 1943), the other, is also a life-long chronicler of events, ordinary and extraordinary, in Bohemia, and he too is a professional photographer. His visual sense is also exceptional, faultless.

Davidová's work is about something else. Her visual sense developed gradually as she gained experience. From the start she was bound to her subject matter. Only with time did she become more sophisticated but she never sought to make only pictures. It seems, actually, that the more faithfully Davidová has been concerned with her subject matter, regardless of the means and without artistic ambition, the higher the individual quality of her photographs has been. And, by contrast, the more aesthetic her photographs seem to become, the more they lose. It is a contradiction, that can be surmounted by putting not only select, individual, aesthetically powerful photographs into her books and exhibition, where they sometimes appear to be clichés, but also larger sets of the same subject matter and form, which bear out her perceptiveness, compassion, and understanding for her subject matter.

Davidová began to research the life of Czechoslovak Gypsies back in 1954, just when the topic was first emerging here as a subject of study. Today, the collection of photographs that has resulted from this is so large that it includes all areas that belong to the proper description, definition, and understanding of this ethnic minority in the Czech Republic and it thus bears unique historical testimony. That, I believe, is what makes Davidová's photographic work valuable and exceptional.

In recent years Gypsy life has frequently been depicted in photographs. Most of the work by other photographers has, however, been made not for ethnographic or sociological reasons, but for purely aesthetic reasons – the Gypsies' beautiful faces, graceful movements, and exotic qualities. Today almost no Czech photographer has not at one time or another devoted some small part of his or her work to the topic. Most of those photographs, however, lack the humanly real, intense bond that appears in Davidová's photography.

When it comes to decorativeness in photographing Gypsies, the Czech photographer Josef Koudelka (b. 1938) has done the most. Since the early 1960s he has in general been primarily concerned with beauty and making striking pictures. That is also the reason his photographs rarely provoke the questions of "where," "who," and "why." He is more concerned with making almost purely visual, aesthetic, highly polished discoveries. The characteristic attitudes are often amplified by the photographic staging and choice of picturesque locations, into which "extras" are placed for visual effect.

Davidová, ever humble towards her topic, records reality, not a beautiful image of a contrived reality. And yet the work of the one photographer somehow complements that of the other. On the one hand there is a monument of beauty seen from outside – that is Koudelka; on the other, there is well-informed insight into the action, the stories, and the recent history of the Gypsies – that is Davidová.

Koudelka began to photograph Gypsies in the 1960s. Davidová began to do so in the early 1950s. This early period in the life of the Gypsies of Czechoslovakia has never been recorded as thoroughly or as objectively as it has by Davidová. Her photographs constitute a basic source for understanding the Gypsy Question in this country. In Koudelka's work the Gypsies are an important stage, albeit a single and closed one, of his photography. For Davidová they are her fate and life-long commitment. Although it was surely never her intention to make a photographic monument, she has unwittingly made one. Unlike Koudelka, Davidová sees the Gypsies simply: their clothes are not costumes, their villages not a backdrop, their faces are not masks. Nevertheless the different approaches of both photographers towards the same topic help one to comprehend the mentality, way of life, and history of the Gypsies. Each from various points of view and each with dignity, Koudelka and Davidová bring us nearer to them.

A word or two needs to be said about the main topics of this set of Davidova's photographs. Some of them stand out and recur, and thus report something about Gypsy behavior and ways of thinking – for example, the topics of the relationship between mother and child or between Gypsy society and its old people. Here we see an almost ancient system of relations, almost mythical, which non-Gypsy Czechs (and other Europeans) have nearly abandoned. Davidová has captured these ancient, deep-rooted relationships countless times.

This is also true of the topics of the trades, dance, work, family, homes, and communities. When these areas are removed from the whole and are linked together as in this book, it helps one to understand much and to get inside the topic, closer to the mentality of the Gypsies, which is otherwise usually alien to non-Gypsies. And it also helps one to know what that mentality has to offer. We see striking emotionality, strong relations, and lively communication in the group, the family, and the place.

A book by Davidová could be arranged in about three ways. One way would be to choose the most aesthetically and visually effective photographs, in other words predominantly photogenic and picturesque ones. That is the usual approach with photographs about Gypsies. Another way would be the less attractive but, I believe, truer one – namely, to emphasize only a few thematic groups that familiarize the viewer with Gypsy life or demonstrate the processes of civilization during the last fifty years. The third way, which we have chosen for the present publication, involves surrounding the numerous large sets of smaller documentary photographs – always on a single topic – with individual, independent photographs of striking artistic quality.

Davidová's merit lies in the perseverance with which she returns to the same places, the same situations, and the same families, faithfully observing them. In the second half of the 1950s she captured everyday life in Gypsy settlements of Slovakia, and then later recorded the migration of many families to towns in Bohemia and Moravia, including the borderlands, where they settled and have lived to this day. Davidová has thus documented Gypsy life for a full fifty years, during which time they still practiced their traditional trades, such as blacksmithing, trough-making, and basket-making. One whole chapter of her photography is concerned with the nomadic Olach (Wallachian) community. She first photographed them in their caravans and then later after their nomadic way of life was banned and they were being forced to settle.

Davidová is an expert in Romany Studies, a researcher of Gypsy verbal and music culture. Owing to the size and quality of her photographic work she has now also become a distinctive figure in Czech photography.

Anna Fárová

Eva Davidová's Point of View

"And now here is my secret, a very simple secret:
It is only with the heart that one can see rightly."
Antoine de Saint-Exupéry [1]

Eva Davidová is by disposition an ethnographer, an ethnologist, or, if you like, a cultural anthropologist. All these fields are concerned with man or groups of people and their lives and cultures. Interest in people, the differences in their individual dispositions, determined also by personal experiences, interest in the thinking of outstanding individuals from amongst the ordinary people, hidden from the eyes of the public, and a desire to learn something from them, were what led Eva as a young student into the world of the Gypsies (or, as they tend to be called now, the Roma).

"I often think about the ordinary, honest people – the Gypsies to whom I am grateful for helping me to learn to see life differently, without pigeonholes," Davidová has said. "Many of the Gypsies were uneducated, and sometimes still are, sometimes they are even illiterate. But as I have found out over many years, that does not matter at all. The best times were those of conversations and experiences with the 'ordinary' Gypsies, who lived in settlements of the worst sort, but they had their pride, inner strength, respect for life, and big hearts (...)."[2]

Although Davidová had not originally planned to go to the Gypsies, it was impossible in the former Czechoslovakia not to come across this striking group of people. At their very first meeting, she found herself taking an interest in Gypsies, who were so different from most of the Czechoslovak population. It was an interest that she maintained for the rest of her life. In the winter of 1954, instead of keeping to her original plan of research on the traditional Slovak village of Polomka in the upper Hron river region, the twenty-one-year-old student made her base a bit further on, in the Gypsy settlement of Dolinka, whose small houses were spread out on a hillside beyond Polomka. "Suddenly I saw little wooden houses," she recalled in an interview, "and Gypsies around the houses. They gave me a splendid welcome. (...) They invited me inside right away. Suddenly there was food on the table. They didn't ask whether I would like something to eat or whether I liked *halušky* [a Slovak dish like gnocchi]. They just said, 'Eat!' They weren't the least bit interested in who I was or what I wanted.

They welcomed me like one of their own. Gradually other Gypsies joined us. I felt they respected me, even though they didn't know who I was. I was astounded by their warmth. I felt I had become part of the family."[3]

When she returned to her friends in the village of Polomka after her first visit to a Gypsy settlement, as she says in another interview, "a great debate arose, during which I first realized the huge gulf between the *gadje* [non-Gypsies] and the Gypsies. It was 'us and them.' I began to understand this when I was told again not to spend time with the Gypsies: 'You're a girl from a good family, and have no business being there amongst them ..., because it's not done ..., because they're completely different, they live differently from the way we do, they talk differently. You never know what they'll do. You'd better beware of them and not begin any dealings with them...."[4]

She describes the gulf between them and its effect on her: "True, the locals admitted that the Gypsies were excellent musicians, and invited them to weddings, funerals, and parties, and admitted that they were good craftsmen. In that region there were some skilled basket-makers among the Gypsies, and in other regions there were smiths, tinkers, cowbell-makers, and trough-makers. Apart from that, however, the locals had no interest in the Gypsies. It was as if they didn't exist. That began to bother me; both in purely human terms and in social terms I felt something here wasn't right. I didn't understand why I shouldn't go to the Gypsy settlement. I was interested in the lives of people and wanted to know about them."[5] Her sympathy for the Gypsies did not, however, meet with understanding from her own society: "In those days neither the people in the Department of Ethnography nor those at home were well disposed towards me."[6]

The 1950s, particularly the end of the decade, meant a watershed for the Gypsies of Czechoslovakia. The Gypsies' ancient nomadic way of life was always seen by the rulers and governments of the dominant societies as a problem. Leading a nomadic life was considered a source of uncontrollable crime, particularly of trespass involving damage or theft in fields and forests. The first Czechoslovak Republic (1918–38) tried to get the traveling of the Gypsies under control by means of the Vagrant Gypsies Act (1927). It was not designed to wipe out the nomadic way of life, because, as it was explained, "The authorities do not have the means for that," nor did it have enough "suitable places for settlement."[7] As a result, paradoxically, the nomadic way of life remained the best solution. The act was intended only to bring traveling into line – in particular, to get it under regular administrative control. Special identity cards were introduced for "vagrant Gypsies," a measure intended to separate them distinctly from the rest of society. By that time, however, some of the Gypsies had settled down in the country. The only problem was that they had usually done so without the right of domicile because their attempts to settle permanently were much like a longstanding struggle with the local population, who did not want the Gypsies as their neighbors. In consequence, practically all Gypsies received discriminatory Gypsy ID cards. The leaders of the truly nomadic groups, in addition, had to prove their identities with a license to have no fixed address. They continued to lead a nomadic life until mid-March 1939, when the Germans invaded and established the Protectorate of Bohemia and Moravia. Following the model in the Reich the authorities in the Protectorate soon banned Gypsy traveling. Although not yet aimed openly at the Gypsies, the ban was nevertheless the first in a series of decrees, the last of which was the systematic deportation to concentration camps and extermination camps – "for reasons of racial hygiene" – of people deemed Gypsy or part Gypsy. Most of the original Gypsies (the settled ones) of the Bohemian Lands were killed. By the time of the liberation in early May 1945, the country was almost without Gypsies. Shortly afterwards, however, it became the destination of great numbers of Gypsies from Slovakia, where the Holocaust had not managed to hit the Gypsies as hard as it had in the Bohemian Lands. In particular, people came from the wretched Gypsy settlements of east Slovakia in search of work and better housing, which the state-owned factories and farms were offering as part of their propaganda, as were towns and villages in the borderlands of Bohemia and Moravia, from which the German Czechoslovaks had been expelled. In the first post-war years nothing new appeared among the proposed solutions to the "Gypsy Question." The law on vagrant Gypsies was not repealed till after the Communists took power in late February 1948. Instead of the proclaimed liberty and equality of all nations, however, the new regime brought the Gypsies a profound, lasting devastation. At its XI Congress, in 1958, the Czechoslovak Communist Party took a hard line on Gypsy assimilation. Making the Gypsies materially equal with the rest of the population was supposed to take place on the basis both of denying that Gypsy was a separate ethnicity and of merging the non-Gypsy population around them. In view of an aim thus defined, it was logical to ignore or deny features specific to the Gypsy *ethnie*. Expressions of a culture hundreds of years old were labeled elements of retardation and as such were to be wiped out. The Gypsy language was called "cant" or "lingo," and children were dealt with severely if they spoke it in school. Not only children, but adults too, were meant to be ashamed of their origin and culture, and were obliged to forget the past and to fix their gaze on the "bright future." The most adept ones "successfully rid themselves of the accretions of the past" and adopted the majority culture. Anyone unable to react quickly – and that meant most Gypsies – was left only with a feeling of inferiority and emptiness. The state could put them into apartments with electricity and hot and cold running water, and support them with social-security payments. And so the Gypsies, coming originally from settlements remote and isolated from non-Gypsy hamlets, villages, and towns, obtained modernly furnished apartments on recently built housing estates, which they did not know how to live in or perhaps did not want to live in. The regime also had jobs for everyone, men and women – even though the work was often difficult manual labor. Musicians exchanged their violins for shovels, and women exchanged looking after their families for work with buckets and rags. The Gypsies' remarkable age-old ability to survive even in materially difficult circumstances (albeit by their own rules, family organization, language, or, in short, culture) began quickly to disintegrate and so did their dignity. The Permanent Settlement of Nomadic Persons Act of 1958 became the basis of the assimilation program. Its implementation took the form of police raids that occurred on a single day, and overnight it forced several long-nomadic Gypsy groups to settle down.

A well-known Gypsy painter recalls the period: "Once, after work in the town of Děčín, while I was on my way home to Bynov, where we lived back then, I saw, in Oldřichov, how they first unhitched the Gypsies' horses and then doused the caravans with gasoline and set them on fire. And the people who were riding the bus with me looked on, acting as if nothing were happening. They accepted it as something normal: those were only Gypsies after all, so why be alarmed. For me, however, it was a horrifying experience. I've never forgotten it. In 1984 I made a picture titled *The Destruction of Civilization*. (...) It's a warning but probably a futile one. People are rushing headlong into destruction and it seems nothing will stop them (...)."[8]

The creeping assimilation, accompanied by material quasi-affluence, in other words, by the leveling of the standard of living of all members of society, continued, and after the gradual destruction of old values it saw, with similar stealth, to the demoralization of the Gypsies and the breakdown of their communities from within. The Communist regime assumed that material assistance would raise this "social group" to a level of civilization similar to that of the majority society. The regime did not heed the wise ancient saying: "If you give a man a fish, you feed him for a day; if you teach a man how to fish, you feed him for a lifetime." Consequently, Gypsy schoolchildren did not receive the special attention they needed as members of a group of people who for centuries had never gone to school and therefore lacked the formal education to build on. Still too immersed in their own ethnic subculture, Gypsy children in the first grade found themselves at a wholly different starting line than other children and became increasingly removed from them, most often being sent to special schools. This left the Gypsies with a severe handicap with regard to what future occupations they could choose from. By contrast, the dozens of Czechoslovaks of "Gypsy origin" who were no longer Gypsies because they had successfully assimilated began to attend secondary and post-secondary schools. They "forgot" the Romany language, distanced themselves from their community, and sometimes really did mix with the majority society. Consequently, the Gypsies at the bottom of society could not take advantage of the privileged position of the assimilated.

Another not completely thought-out step was the 1965 government decision (no. 502) on the controlled dispersal of undesirable concentrations of Gypsies. From the theoretical point of view alone, this highly complicated sociological experiment completely failed in practice, owing to its impracticability, and it degenerated into chaos. The original intention to clear the Gypsy settlements because they did not meet state hygiene standards and then to disperse their inhabitants in various non-Gypsy neighborhoods of urban agglomerations in Bohemia and Moravia did not turn out as planned. The solutions were either erecting a couple of prefab concrete housing blocks on the site of demolished Gypsy shanties, and a whole settlement was moved there, or, when it involved Gypsies who had moved from Slovakia to the Bohemian Lands, the newcomers were generally concentrated in cities and towns. The latter solution formed the foundations of today's Gypsy ghettos. These, however, cannot properly be considered relocated Gypsy settlements. They are, instead, conglomerations of Gypsies from a variety of places, sometimes from quite closed, dissimilar families and groups, whose co-existence is often fraught with conflict. A consequence of these radical changes was the destruction of traditional Gypsy structures, of functional local family communities. Moreover, it was often only the younger, more able Gypsies who left the settlements for the Bohemian Lands in search of work and to take up the offer of housing; the older, less able, less flexible, and less enterprising ones remained in settlements.

The short period of "liberalization" in Communist Czechoslovakia in the late 1960s also gave the Gypsies a chance to catch their breath. During the existence of the Association of Gypsies/Roma (Svaz Cikánů-Romů), from its establishment in August 1969 to its dissolution in March 1973, they could learn what it was like to have a hand in managing their own affairs without the obligatory renouncement of their Gypsy origin. As the Normalization policy of the new hard-line Communist regime that was formed after the Soviet-led intervention took the edge off assimilation, the official road to integration began. Although the Gypsies were still not recognized as an ethnic group, the pressures to assimilate were less strong than before. Only exceptional, resilient individuals were able to do something to preserve the ethnic culture of the Gypsies, in particular their language, but few such efforts were undertaken. Most Gypsies now quite automatically gave in to the ideological pressure of the regime and instead of the Roma language they taught their children Czech, which they themselves, however, had often not mastered. Consequently, the children grew up without sufficient language skills. This wretched situation continues today because the view that Roma, the Gypsy language, holds Gypsy children back in school is deeply embedded in the minds of the Gypsies. Furthermore, after the fall of the Czechoslovak Communist regime in late 1989 the debts of the past and, unfortunately, the contributions of the present – bad education, insufficient qualifications – have hit the Gypsies hard. Most Gypsies are unemployed. The situation of people long without work is arduous not only for economic reasons but also for psychological ones. A number of Gypsies who have sought employment for years may now have completely lost the desire to work. Lying around doing nothing at the bottom of society becomes the surest route to drug addiction and other similar catastrophes. And in families suffering from such afflictions, new children often continue to be born.

Davidová experienced this whole challenging fifty-year period together with the Gypsies. Rather than standing on the sidelines simply documenting what she saw, she was a genuine participant both in the lives of their families and in the basic work of the Gypsies to emancipate themselves as an *ethnie*. This was especially true after the Soviet-led invasion and occupation of August 1968 and then again after the sweeping changes of November and December 1989, which removed that regime. Whenever the Gypsies had an opportunity to share in the management of their own affairs, Davidová joined them as an active member of their associations and organizations so that she could help them both as an expert and as one of them. Unlike most of the more or less talented Czech photographers who drop in on the Gypsies, she has for decades experienced the ups and downs both in the personal lives of the Gypsies and in their society. Davidová's photography is a by-product of her work as an ethnographer, but that is precisely what gives her photographs such tremendous value. I am not competent to judge the technical quality of her photographs, and can comment only on their documentary and human value. Many of them exude the magic of once-in-a-lifetime moments. I would compare them to the highly effective, strongly emotive paintings of Gypsies by the formally trained artist Míla Doleželová, who went with Davidová on research trips to Slovak settlements in the 1950s and shared many of the same friends among the Gypsies of the Prague district of Karlín. Some of Davidová's photographs are almost copies of Doleželová's paintings and vice versa. Nonetheless, the two women have clearly not copied each other's work. Although they may have photographed and painted the same scene, having experienced it together, where the painter may have captured a certain moment, preserving it in her memory as the best, nicest, and strongest moment, Davidová has had immediately, nimbly to press the shutter release. She has often managed to capture precisely the right moment: the fleeting smile, the look in the eye, the gestures of hand, the waggish grin. The mystery of life, personal charisma. I am unable to assess her art. I can only perceive it, and be grateful to her for it.

In Czechoslovakia, and now in the Czech Republic, many photographers have for various periods been drawn to photographing the exotic and therefore sometimes amusing Gypsies. "*The wrinkled faces of the old Gypsies; the creases of skin of the manual laborer, with ingrained dust; the glum expression of the old woman; or the sexy provocative look of the young girl sweeping the street. All of that stands out so beautifully against the snow-white tablecloth of photographic paper. Suddenly old age becomes a form of distinctiveness, squalor luxury, and the stench of work clothes becomes the fragrant whiff of a new sheet of paper. Put all of that into a tasteful, elegant frame, and then hang it somewhere on a ragged wall in the natural colors of the restored historical masonry of a home in a residential quarter and then invite guests who are intent on discussing where contemporary Czech culture is heading. Suddenly the slightly teary eye is dry, the hands of the haggard old woman have stopped trembling, and the manual laborer, in the name of decency, has changed his mind about spitting. Are they really Gypsies? How can it be that they live on the wall of an intellectual's well-appointed apartment? They do, but they don't stink and they don't shout. They remain silent, and so they can stay there. Or they sleep quietly, in that closed book with glossy paper, which is exhibited behind the glass of the high-quality oak bookcase. From the dust-jacket of the book gapes some swarthy lay-about with a flower tattooed across his chest. His cigarette is almost falling out of his mouth, as he holds it casually but defiantly in his lips; he feels like a dude; if only the photographer would hang on a moment he'd make a muscle, and maybe pretend to box like a 'king'. This way, however, he just stands around gaping, assuming he's irresistible. The real dude is the one in the living room who's looking at him through glass. A close-shaven face, stylish men's cologne, a pressed white shirt, expensive trousers on a supple body sculpted by workouts at the gym. He crouches down to get a better look at the Gypsy, and smiles subtly, but soon straightens up because the hostess has just arrived to welcome her guest."*[9]

Some "art photographs" of Gypsies are ingenious curiosities. They are not a contribution in the search for the truth about the Gypsies. They are not a picture of their real world. They are a message for the others. Messages that fit in perfectly with the generally held stereotypes about Gypsies, of which the photographer himself or herself is clearly a victim. Davidová's photographs are different – their value lies in their objectivity. As a born ethnographer, she has no desire to make staged photographs. Instead, she uses her old Pentacon Six to add to her collection of information for her work in ethnography. And that is valuable only if it is as objective and as truthful as possible.

Each of us looks at the world from his or her point of view. Here, it is all the more important that Davidová is a woman who is extremely sensitive to any injustice, pain, or suffering. That is also why many of the figures in her photographs have with time become friends whom she is interested in, writes to, visits, knows a lot about, and knows their children, grandchildren, and illnesses. That interest is impossible not to see in her photographs.

In 1990 I first visited Gypsy settlements with Davidová. Afterwards we started traveling together almost regularly. The first time, however, I was amazed that wherever we went Gypsies came running out of their wretched shanties, calling out "Amari Eva, Evička!" (Our Eva, Evička!). It was then that it occurred to me that the well-known Gypsy song "Evo, bičhav mange fotka" (Eva, send me a photograph) was about the Eva who the Gypsies embraced wherever she went. The Gypsies love Davidová and consider her "amari čhaj," one of their own. And Davidová loves the Gypsies. "I have never known such tremendous solidarity as I have known among the Gypsies," she says. "The Gypsies will stand up for you, protect you, and help you. Once, the police came to a Gypsy settlement to check my ID because they thought I was a spy. I didn't have any proof that I was a student, so they wanted to take me to the station. Suddenly the Gypsies made a circle around me and didn't want to hand me over. They were afraid the police would lock me up, so they stood up to them. It was quite something. At that moment I felt that I was one of them. Although I'm not a Gypsy, I have become one inside."[10]

Jana Horváthová

Notes

1 Antoine de Saint-Exupéry, *The Little Prince*, trans. from the French by Katherine Woods, New York: Harcourt, Brace & World, [1943].
2 Erika Manuš, "Cesty za teplem v sychravých dnech," in *Romové ve fotografii Evy Davidové*, Prague, Fortuna, 2001.
3 Gejza Horváth, "Evo – bičhav mange fotka," *Romano hangos*, no. 8, 15 May 2002.
4 Erika Manuš, "Mé cesty k Romům jsou cesty k lidem. Rozhovor s etnografkou, sociložkou a romistkou Evou Davidovou," *Revolver Revue*, no. 46, May 2001, p. 230.
5 Ibid.
6 Ibid., p. 231.
7 Jana Horváthová, "Dílčí příspěvek k zamyšlení nad povahou a působením zákona č. 117 / 1927 Sb. o potulných cikánech ze zorného úhlu současných znalostí v oblasti romistiky a sociální práce," in Tomáš Dvořák, Radomír Vlček, and Libor Vykoupil (eds.), *Milý Bore: Profesoru Citboru Nečasovi k jeho sedmdesátým narozeninám věnují přátelé, kolegové a žáci*, Brno: Historický ústav AV ČR, Historický ústav FF MU, and Matice moravská, 2003, p. 316.
8 Rudolf Dzurko, "Zkáza civilizace," in Erika Manuš (ed.), *Jdeme dlouhou cestou*, Prague, Arbor vitae, 1998, p. 216.
9 Jana Horváthová, *Cikán a fotka* (part of an unpublished essay).
10 Horváth, "Evo – bičhav mange fotka."

O fotografickém díle etnografky Evy Davidové

Eva Davidová sáhla ve svém díle po podstatě a základní funkci média fotografie, kterou je princip služby a poznání. Vyšla ze svého fotografického amatérismu a zároveň ze své profese, kterou je etnografie a sociologie. Obojí propojila a využila toho, co je fotografie schopna udělat pro sociologický záznam života Romů, kteří ji jako etnografku zajímali. Její přístup zpočátku nebyl přístupem profesionálního fotografa, ale dokumentátora, který si přesně a podrobně zachycuje, co vidí, a shromažďuje si podklady pro svou práci. Fotografie pro ni byla pouhou pomůckou, teprve později se stala obrazem, který existuje sám o sobě.

V začátcích se dopouštěla i omylů, které by profesionál neudělal. Pomáhala si výřezy, někdy vznikly určité technické nedostatky. Příliš si také nevážila základní jednoduchosti vidění, ke které přichází až nyní a která jejím starým fotografiím – nově kopírovaným z dávných negativů – navrací fotografickou průzračnost. Ani svůj archiv negativů si nevedla příliš systematicky.

Největším kladem její obrovské, půl století trvající nepřetržité práce na zobrazování Romů je pokora před tématem. Davidová fotografuje sice též jiné etnografické, přírodní a cestopisné náměty, život Romů však vždy převažuje. Do své činnosti nevkládá umělecké ambice, i když dnes její nároky v tomto smyslu do jisté míry vzrůstají. Nejde jí o estetiku či originalitu. Svou prací se ptá, kdo jsou Romové.

To je v české fotografii mimořádné. Eva Davidová nechce vytvářet krásné kompozice, ale chce předat obšírnou zprávu, vydat svědectví dlouhodobě vznikající. Podobně, jako to učinil Zdeněk Tmej v kratším čase ve svém souboru z totálního nasazení. Je svému tématu věrná, protože jde o celoživotní zájem, kterému se věnuje i z jiných pozic. Její fotografie nejsou pouhým konstatujícím dokumentem ani výtvarnými kreacemi, ale fotografiemi obsahovými, do nichž se promítá autorčin osobní vztah a znalost tématu.

Pro srovnání: Václav Chochola vynikl jako kronikář převážně pražské kulturní společnosti, svému tématu se věnoval celý život. Je to ovšem profesionální fotograf, výtvarně jedinečný, stejně jako Tmej. Bohdan Holomíček je rovněž celoživotním zapisovatelem běžných i zvláštních lidských příběhů v Čechách. Zároveň je to ovšem fotograf-profesionál, jeho vizualita je mimořádná, bezchybná. U Davidové jde o něco jiného: její vidění se rozvíjelo postupně, s narůstající zkušeností. Ze začátku byla vázána na sdělení, postupně se kultivovala a směřovala k utváření obrazu.

Zdá se, že čím věrněji Eva Davidová jde za obsahovostí bez ohledu na způsob a umělecké ambice, tím vyšší osobité kvality dosahuje. A paradoxně, čím více chtějí její fotografie působit esteticky, tím více ztrácejí. Je tu zvláštní rozpor, který se dá odstranit tím, že se v jejích knihách i výstavách nebudou klást do popředí pouze jednotlivé estetické fotografie, které mohou někdy působit až jako zavedená klišé, ale početnější skupiny stejného obsahu i formy, které potvrzují autorčino citlivé vnímání, schopnost vcítění se do objektů a jejich pochopení.

Eva Davidová začala fotograficky mapovat životní situace československých Romů již v roce 1954, kdy byl přístup k této problematice v úplných počátcích. Dnes je výsledný soubor rozsáhlý a působivý, zahrnuje všechny námětové okruhy, které k popisu, charakteristice a poznání této naší etnické menšiny a její problematiky patří. A vydává o ní jedinečné historické svědectví. V tom vidím skutečnou zásluhu a mimořádnost fotografické práce Evy Davidové.

Zobrazování Romů je v posledních letech časté. Není tomu tak z důvodů etnografických či sociologických, ale většinou z ryze estetických, protože Romové mají krásné tváře, ladné pohyby, jsou exotičtí a atraktivní. Není dnes téměř žádný český fotograf, který by neměl alespoň malou část své tvorby „o Cikánech“. Většinou jsou tyto fotografie formalistní, postrádají ono lidsky opravdové a hluboké pouto a vážnost, které nacházíme u Davidové.

Pokud jde o dekorativnost a originální ztvárnění, maximum v tomto směru vykonal Josef Koudelka. Od začátku let šedesátých mu šlo v prvé řadě o vytváření výrazných obrazů, o krásu. Také proto na jeho fotografiích není důležité kde, kdo a proč, jde mu o vlastní, esteticky dokonalé projevy. Charakteristické postoje jsou často umocněné fotografovou režií a výběrem malebných lokalit, do nichž jsou „statisté“ uměle dosazováni kvůli výslednému výrazu a vizuálnímu efektu.

Davidová, pokorná před svým tématem, zaznamenává pravdu skutečnosti, nikoli krásný obraz vykonstruované pravdy. Přesto se práce obou fotografů jakýmsi způsobem doplňují. Na jedné straně jde o monument krásy, patosu a exprese viděný zvnějšku – to je Koudelka. A na druhé straně jde o zasvěcený vhled do dějů, příběhů a nedávné historie Romů – to je Davidová.

Koudelka začínal s fotografováním Romů v šedesátých letech, Davidová v polovině let padesátých. Právě toto období v životě Romů nebylo u nás dosud tak podrobně a věcně nikým zaznamenáno. Její fotografie jsou základním pramenem pro poznání a pochopení romské otázky u nás. U Koudelky jsou Romové významnou, ale přece jen dílčí a uzavřenou etapou celého fotografického díla, dále v jejich zobrazování nepokračoval. Pro Evu Davidovou jsou Romové životním osudem a osobním angažmá, které nikdy neskončí. Ačkoli jistě nebylo jejím záměrem vytvořit si fotografický pomník, přesto jej nechtěně vytvořila. Ve své intenzitě a zaujetí nemá její dílo obdoby. Davidová vidí – na rozdíl od Koudelky – Romy prostě, šaty nejsou kostým, vesnice není scéna, obličej není maska. Přesto rozdílné přístupy obou fotografů ke stejnému tématu pomáhají lépe pochopit mentalitu, život i historii Romů. Koudelka a Davidová nám je přibližují z různých hledisek, oba to však činí důstojně.

Ještě bych ráda upozornila na hlavní témata souboru fotografií Evy Davidové. Některá z nich vynikají, stále se v čase opakují, a tak vypovídají o chování a způsobech uvažování našich Romů. Například téma vztahu matky k dětem či romského společenství ke starým lidem. Zde vidíme až jakousi pradávnou vztahovost, téměř mytickou, kterou jsme my ve své civilizaci již téměř opustili. Eva Davidová tyto dávné, hluboké vztahy nesčetněkrát zachytila.

Obdobně je tomu s tématy řemesel, tance, práce, rodiny, obydlí a pospolitosti. Když se tyto oblasti vyjmou z celku a propojí se tak, jak jsme se o to pokusili při skladbě této knihy, pomůže nám to mnohé pochopit a dostat se dovnitř, blíže k nám značně vzdálené mentalitě Romů. A také poznat, co nám tato odlišná mentalita může dát. Setkáme se s výraznou citovostí, se silnými vztahy, s živou komunikací skupinovou, rodinnou i místní.

Uspořádat knihu Evy Davidové bylo možno trojím způsobem. Buď vybrat nejefektnější fotografie z hlediska estetického a vizuálního, tedy ty, na nichž převládá fotogenie a malebnost, jak je to u romského tématu obvyklé. Druhý způsob je méně atraktivní, ale opravdovější: zdůraznit jen několik tematických skupin, které nám přiblíží život Romů nebo ukáží vývoj civilizačních procesů na našem území za posledního půl století. Třetím způsobem, který jsme zvolili, bylo obklopit skupiny menších dokumentárních fotografií – spojených vždy s jedním tématem – jednotlivými samostatnými fotografiemi s výraznou výtvarnou kvalitou.

Zásluha Evy Davidové spočívá ve vytrvalosti, s níž se vrací na stejná místa, ke stejným situacím a stejným rodinám, které věrně sleduje. V druhé polovině padesátých let zachytila každodenní život romských osad na Slovensku, pak následovaly migrační cesty mnoha rodin do českých a moravských měst či do pohraničí, kde se usadily a žijí dodnes. Eva Davidová tak zdokumentovala život Romů ještě v době, kdy byla živá jejich tradiční řemesla: kovářství, kotlářství, korytářství, košíkářství a mnohá další. Celá jedna kapitola její tvorby patří zaznamenání kočovného olašského společenství. Zprvu je fotografovala ještě v obytných vozech a maringotkách, potom již v tragickém okamžiku zákazu kočování a při násilném usazování.

Eva Davidová je vzdělaná odbornice v oboru romistiky, badatelka a zapisovatelka romské slovesné a hudební kultury. Dnes je díky rozsahu a kvalitě své fotografické práce též výraznou osobností české fotografie.

Anna Fárová

Úhel pohledu Evy Davidové

„Tady je to mé tajemství, úplně prostinké:
správně vidíme jen srdcem.“
(Antoine de Saint-Exupéry: Malý princ)

Eva Davidová je celým svým založením etnografka, etnoložka a nebo, chcete-li, kulturní antropoložka. Všechny tyto obory zaměřují svůj zájem na člověka nebo skupiny lidí, jejich život a kulturu. Zájem o lidi, rozdílnost jejich individuálních založení, podmíněných také osobními prožitky a zkušenostmi, zájem o myšlenkový svět nejrůznějších osobností z lidu, ukrytých před zraky veřejnosti, přání něčemu se od nich přiučit, něco získat, přivedla mladičkou zvídavou dívku Evu do světa Romů. *„Často myslím na ty obyčejné, poctivé lidi – Romy, kterým děkuji za to, že mi pomohli naučit se dívat na život jinak než podle nějakých škatulek. Mnozí byli, a třeba dodnes jsou, lidé nevzdělaní, někdy i negramotní, ale jak jsem si v průběhu dlouhých let ověřila, na tom vůbec nezáleží. Nejkrásnější chvíle byly právě ty chvíle hovorů a zážitků s těmi takzvaně obyčejnými Romy, kteří žili v osadách nejhoršího druhu, ale měli svou hrdost, vnitřní sílu, úctu k životu a obrovský záběr srdce…“*[1]

Ačkoli Eva Davidová k Romům původně neměla namířeno, v prostoru bývalého Československa nebylo možno na tak výraznou skupinu lidí nenarazit. Průměru se vymykající Romové hned při prvním setkání s autorkou – a už na celý život – přitáhli její pozornost. Byla zima roku 1954 a jednadvacetiletá studentka místo původně plánovaného výzkumu tradiční slovenské vesnice Polomky na Horehroní zakotvila jen o kousek dál, v romské osadě Dolinka, která rozprostřela své malé domky ve stráni za Polomkou. *„…najednou jsem uviděla dřevěné domečky a kolem domků Cikánci. Přijali mě skvěle… Hned mě zvali dovnitř, v tu ránu bylo jídlo na stole, neptali se, chceš, nechceš, máš ráda halušky, prostě řekli: jez. Vůbec je nezajímalo, kdo jsem a co chci. Přijali mě hned jako svého člověka. Postupně se přidali další Romové a já cítila, že si mě váží, i když nevěděli, kdo jsem. Ohromil mě jejich lidský přístup, cítila jsem, že jsem zapadla do rodiny.“*[2]

Když se z první návštěvy romské osady Eva vrátila ke svým přátelům v obci Polomka, *„vznikla velmi ostrá debata. Během ní jsem si poprvé uvědomila tu propast mezi gádži a Romy, když to tak říkáme. Byli jsme to my – a oni. Začala jsem to chápat, když mi znovu opakovali, že přece nemůžu chodit mezi Cikány: ‚…Protože jsi dívka z dobré rodiny, a ta přece nemá mezi nimi co pohledávat…, protože se to nesluší…, protože jsou to* *úplně jiní lidé, žijí jinak než my, mluví jinak, člověk nikdy neví, co udělají. Je lepší mít se před nimi na pozoru a nic si s nimi nezačínat...*'"[3]

„Je pravda, že místní uznávali Romy jako výborné hudebníky, zvali si je na svatby, pohřby i na zábavy, uznávali je jako řemeslníky, v této oblasti byli mezi Romy šikovní košikáři, v jiných oblastech kováři, kotláři, zvonkaři, korytáři, ale jinak se o ně nezajímali, jako by ani neexistovali. Začalo to ve mně hlodat – lidsky i sociálně jsem cítila, že tu není něco v pořádku. Nechápala jsem, proč bych neměla do romské osady chodit. Zajímal mě život lidí a chtěla jsem ho poznávat."[4]

„V té době byla situace taková, že mi z počátku nebyli nakloněni ani na katedře etnografie, ani doma."[5] Ostatně právě padesátá léta, zejména jejich závěrečné etapa, znamenala pro Romy v Československu radikální zlom.

Pradávný kočovný způsob život Romů byl ze strany panovníků a vlád dominantních společností vždy vnímán jako problém. Kočování se považovalo za zdroj nekontrolovatelné kriminality, zejména polního i lesního pychu a drobných krádeží na venkovských statcích. První Československá republika se pokusila dostat kočování Romů pod legislativní kontrolu zákonem o potulných cikánech z roku 1927. Nešlo a nemělo jít o likvidaci kočování, protože jak bylo řečeno: *„...administrativa neměla pro ni prostředků*" a nebylo ani tolik *„vhodného místa k usazení*",[6] proto pohyblivý způsob života Romů byl paradoxně nejlepším řešením. Zákon měl kočování pouze usměrnit – zejména dostat ho pod pravidelnou úřední kontrolu. Pro „potulné cikány" byly zavedeny speciální průkazy totožnosti – cikánské legitimace, které je měly viditelně oddělit od zbytku společnosti. Tou dobou však u nás žila už i jistá část Romů také usedle, jenže zpravidla bez domovských práv, neboť jejich snaha o trvalé usazení měla charakter letitého boje s místním obyvatelstvem, jehož novými a nežádoucími sousedy by se tak Romové stali. Vzhledem k tomu dostávali diskriminační cikánské legitimace prakticky všichni Romové. Vůdci skutečně kočujících skupin se pak navíc museli prokazovat ještě kočovnickým listem. Kočovalo se tak dál až do vzniku Protektorátu. Po vzoru říšských orgánů také protektorátní orgány kočování brzy zakázaly. Tento zákaz, nesměřující ještě otevřeně vůči Romům, byl však jen počátkem celé řady nařízení, na jejichž konci stály programové deportace „cikánů i cikánských míšenců" – „z hlediska rasově-hygienického" – do vyhlazovacích a koncentračních táborů. Tak byla většina původních českých i moravských (často usedlých) Romů vyvražděna. Čechy a Morava zůstaly v době osvobození takřka bez Romů. Brzy po válce však začaly proudit do našich zemí Romové ze Slovenska, kde je holocaust nestačil postihnout v takové míře jako u nás. Zejména z ubohých východoslovenských romských osad přicházeli lidé za prací a za lepším bydlením, které v rámci svých agitačních akcí nabízely průmyslové i zemědělské podniky a také obce ve vysídleném pohraničí. V prvních poválečných letech se v řešení tzv. cikánské otázky neobjevilo nic nového, zákon o potulných cikánech oficiálně zrušil až komunistický režim. Místo proklamované svobody a rovnoprávnosti všech národů však Romům nakonec přinesl hlubokou a trvalou devastaci. V roce 1958, na XI. sjezdu KSČ, byl vůči Romům nastoupen tvrdý asimilační kurs. Vyrovnání Romů s ostatní populací mělo proběhnout na základě popření jejich původu – splynutím s neromským okolím. Vzhledem k takto vytčenému cíli pak bylo logické ignorování i záměrné zamlčování romských etnických specifik. Projevy staleté kultury byly označovány za prvky retardace a jako takové měly být vymýceny. Romský jazyk byl nazýván hantýrkou, za jeho používání byly děti ve škole někdy i sankcionovány. Nejen děti, ale i dospělí se měli stydět za svůj původ, svoji kulturu, zapomenout na minulost a upřít pohled „ke světlým zítřkům". Ti nejzdatnější se „úspěšně zbavovali nánosů z minulosti" a přejímali majoritní kulturu. Kdo nebyl schopen rychle reagovat, a takových byla většina, těm zůstával jen pocit méněcennosti a prázdnota. Mohli ji zabydlovat v materiálně dobře vybavených bytech, podpořeni navíc sociálními dávkami. Romové, přicházející původně z romských osad vzdálených a izolovaných od neromských dědinek, dědin i měst, dostávali moderně vybavené byty v novostavbách sídlišť, kde neuměli – a možná ani nechtěli – žít. Ale režim měl pro všechny práci. Pro muže i pro ženy, i když často jen těžkou fyzickou dřinu – hudebníci vyměnili housle za lopaty, ženy péči o rodinu za kýbl s hadrem. Původní, po staletí vypěstovaná a obdivuhodná schopnost Romů přežít i v materiálně tvrdých podmínkách, zato však s vlastními pravidly, rodinným uspořádáním, jazykem, prostě kulturou, a hlavně vlastní důstojností, se začala rychle vytrácet. Základem asimilačního programu se stal zákon č. 74 z října 1958 o trvalém usídlení kočujících osob. Jeho realizace proběhla formou jednodenní policejní razie a přinutila některé skupiny Romů – zvyklé po staletí pouze kočovat – ze dne na den se usadit. *„Jednou jsem jel z práce z Děčína do Bynova, tam jsme tenkrát bydleli, a cestou jsem viděl, jak v Oldřichově Cikánům nejdřív vypřáhli koně a potom jim polili maringotky benzinem a zapálili. A lidi, co se mnou jeli v trolejbuse, na to koukali a tvářili se, jako by nic. Brali je jako něco podřadnýho, byli to jenom Cikáni, tak co se děsit, ale pro mě to tenkrát byl otřesnej* *zážitek, nikdy jsem na něj nezapomněl. V roce 1984 jsem udělal obraz Zkáza civilizace. ... Je to varování, ale asi marný. Lidi se ženou do záhuby a zdá se, že je nic nezadrží...*"[7] Plíživá asimilace, provázená materiálním skoroblahobytem neboli nivelizací životní úrovně všech vrstev společnosti pokračovala – po pomalém sesutí letitých hodnot se stejně plíživě postarala o demoralizaci Romů, o rozložení jejich komunit zevnitř. Komunistický režim se domníval, že materiální cestou lze tuto „sociální skupinu" pozvednout na civilizační úroveň podobnou majoritní společnosti. Zcela ignoroval starobylé a moudré přísloví: „Chceš-li pomoci potřebnému, nedávej mu ryby, ale nauč ho je chytat." V těchto intencích nebyla Romům ve školách věnována žádná speciální pozornost, které však bylo velmi třeba, neboť šlo o skupiny lidí, kteří po staletí školy nikdy nenavštěvovali a neměli tedy v institucionálním vzdělávání na co navazovat. Romské děti, ještě příliš vězící ve vlastní etnické subkultuře, se v první třídě ocitly na naprosto jiné startovní čáře než ostatní děti a stále více se od nich vzdalovaly, nejčastěji až do zvláštních škol, které je v možnostech výběru budoucího povolání těžce handicapovaly. Naopak střední a vysoké školy začali studovat nejúspěšnější adepti asimilace – desítky občanů „cikánského původu", ale nikoli už Romové: romštinu „zapomněli" a své komunitě se záměrně vzdálili. Potom se skutečně vytratili někde mezi majoritou, takže Romové na společenském dně jejich exkluzivního postavení využít nemohli.

Dalším z nedostatečně promyšlených kroků bylo vládní usnesení č. 502 z roku 1965 o řízeném rozptylu nežádoucích romských soustředění. Už z teoretického hlediska velmi složitý sociologický pokus pak v praxi zcela zkrachoval na neproveditelnosti a zvrhnul se v chaos. Původní záměr zlikvidovat hygienicky nevyhovující romské osady a jejich obyvatele po částech naředit do neromského osídlení městských aglomerací Čech a Moravy dopadl jinak, než bylo zamýšleno. Buď na místě zlikvidovaných romských chatrčí vyrostl jeden nebo dva panelové bloky, kam byla celá osada přemístěna, anebo pokud došlo k přesunu Romů ze Slovenska k nám, pak byli noví romští migranti ve městech a městečkách soustřeďováni zpravidla opět pohromadě – vytvořily se tak pevné základy dnešních romských ghett. Ta však nelze považovat za přemístěné romské osady. Jsou to slepence Romů z nejrůznějších lokalit, z někdy dosti uzavřených a rozdílných rodů a skupin, jejichž soužití je proto mnohdy konfliktní. Důsledkem těchto radikálních změn byla likvidace tradičních romských struktur, fungujících lokálních rodových komunit. Navíc z osad odcházeli

„na Čechy“ za prací a nabízeným bydlením častěji jen ti mladší a schopnější. V osadách zůstávali staří lidé a pak ti méně schopní, méně pružní a podnikaví.

Krátké období společenského uvolnění koncem 60. let přineslo možnost nadechnutí také Romům. Za doby existence Svazu Cikánů-Romů (1969–1973) si mohli vyzkoušet, jaké to je, podílet se na řešení vlastních záležitostí bez nutného zřeknutí se svého romského původu. Období normalizace již asimilaci obrousilo ostré hrany, nastoupilo oficiální cestu integrace. Ani tehdy nebyli Romové uznáni jako etnická skupina, asimilační tlak ovšem již nebyl tak tíživý jako dříve. Jen výjimečné a silné osobnosti byly schopny něco podnikat pro záchranu etnické kultury, zejména jazyka, podobných snah bylo ovšem jen velmi málo. Většina Romů již zcela automaticky podlehla ideologickému tlaku tehdejšího režimu a své děti neučila romsky, ale pouze českému jazyku, který však rodiče zpravidla moc dobře neovládali. Tak děti vyrůstaly bez dobrých jazykových základů. Tato mizérie pokračuje i dnes, protože názor, že romština dětem znemožňuje úspěch ve škole, hluboko zakořenil v hlavách Romů. Navíc po listopadu 1989 na Romy velmi silně dolehly dluhy z minulých dob, bohužel ale také příspěvky z doby současné – špatné vzdělání, nedostatečná kvalifikace. Z většiny Romů se stali nezaměstnaní. Situace lidí dlouhodobě bez práce je tíživá nejen ekonomicky, ale také psychicky. Řada letitých klientů úřadů práce zcela a možná navždy ztratila chuť pracovat. Polehávání na společenském dně je pak tou nejlepší cestou různým závislostem na návykových látkách a k jiným podobným rodinným katastrofám. V takových rodinách však vyrůstají také děti...

Eva Davidová celé toto náročné půlstoletí s Romy prožívala. Nestála vedle nich jako tichý dokumentátor, ale byla skutečnou součástí nejen jejich rodinných životů, ale také podstatných romských etnoemancipačních aktivit; zejména po roce 1968 a potom znovu i po roce 1989. Vždy, když měli Romové možnost zasahovat do řešení svých záležitostí, i Eva Davidová se zapojila jako aktivní člen do jejich sdružení a organizací, aby pomáhala nejen jako odbornice, ale také jako jedna z nich. Na rozdíl od většiny našich fotografů, více či méně nadaných, kteří si k Romům jen odskočili, ona s Romy jejich životní a společenské zvraty po celá desetiletí spoluprožívala. Fotografická práce Evy Davidové je vedlejším plodem její práce etnografické, ale právě tento fakt dává jejímu fotografickému dílu nesmírnou hodnotu. Osobně nemohu posuzovat technickou kvalitu jejích snímků, pouze hodnotu dokumentační a obecně lidskou. Z mnoha jejích fotografií dýchá na člověka kouzlo neopakovatelného okamžiku. Mohu srovnat její fotografie s velmi působivými a silně emotivními obrazy Romů akademické malířky Míly Doleželové, s níž byla v padesátých letech na společné výzkumné cestě ve slovenských osadách a s níž měla mnohé společné přátele mezi karlínskými Romy v Praze. Některé fotografie Davidové jsou téměř kopií obrazů, anebo naopak. Přitom je zřejmé, že autorky od sebe nekopírovaly, ale třeba jen fotily a malovaly stejnou scénu, které byly tehdy společně účastny. Ovšem tam, kde mohla malířka zachytit okamžik, který si uchovala ve své paměti jako nejlepší, nejpěknější, nejsilnější, tam Davidová musela okamžitě, střelhbitě zmáčknout spoušť. A nutno dodat, že často zachytila skutečně ten správný – protože velmi působivý, opravdový, výstižný – okamžik: letmý úsměv, pohled očí, pohyb rukou, šibalské pousmání... Mystérium života, charisma osobnosti. Toto její umění nemohu hodnotit, pouze s vděkem vnímat.

Je u nás dnes hodně fotografů, kteří se na delší či kratší čas nechají zlákat k focení exotických, a tedy někdy pro někoho i zábavných Romů: „*Zmačkané tváře starých Cikánů. Prachem zažrané záhyby kůže kopáčů, zasmušilý výraz stařeny, nebo dráždivě vyzývavý pohled mladé metařky... To vše se tak krásně vyjímá na sněhově bílém ubrusu fotografického papíru. Ze staroby je najednou exkluzivita, ze špíny luxus, ze smradu pracovního mundúru lehký závan vůně nového plátku papíru. To všechno do vkusného elegantního rámu, už jen pověsit na místy nepravidelnou zeď v přirozené barvě restaurovaného historického zdiva domu ve vilové čtvrti a můžeme otevřít hostům, kteří hodlají s námi rozvíjet téma intelektuálního směřování současné české kultury. Najednou ten lehce uslzený pohled oschne, třes ruky vyzáblé stařeny se zastaví a kopáč si svoje odplivnutí pěkně slušně rozmyslí. A jsou to vůbec Cikáni? Jak je možné, že bydlí na stěně úhledného intelektuálského bytu? Jsou, ale nesmrdí, nekřičí... mlčí, a tak tam mohou být. Anebo tiše spí, v té zavřené knize z křídového papíru, co je vystavena za sklem kvalitní dubové knihovny. Z obalu knihy civí jistý snědý pobuda s květinou vytetovanou přes celou hruď. Cigareta mu málem vypadla, jak ji ležérně a machrovsky drží rty; má pocit, že je fešák, jenom chvilku kdyby mistr fotograf počkal, určitě by ještě zatnul svaly a možná by i zaboxoval jako ‚king'. Takhle tam jenom civí v domnění, že mu nikdo neodolá. Přitom fešák je ten, kdo se na něj právě dívá vitrínou v obýváku. Hladce oholená tvář, svěží pánská vůně, bílá nažehlená košile, značkové kalhoty na pružném posilovnou vymodelovaném těle. Skrčí se, aby Cikána lépe viděl, nepatrně se pousměje, ale už se narovnává, protože právě přichází paní domu, aby uvítala hosta.*“[8]

Některé tzv. umělecké fotky Romů jsou umné kuriozity. Nejsou příspěvkem k hledání pravdy o Romech. Nejsou obrazem z jejich skutečného světa. Jsou sdělením pro ty ostatní. Sdělením, které se strefuje do obecně platného stereotypu o Romech, jehož je autor sám zjevnou obětí. Fotografie Evy Davidové jsou jiné – cenné právě svojí objektivitou. Jako rozená etnografka nemá chuť fotit naaranžované snímky, ale svým starým fotoaparátem Pentacon six doplňuje svou sbírku informací pro etnografickou práci. A ta má cenu jen tehdy, pokud je co možná nejobjektivnější, co nejpravdivější, co nejvěrnější vlastnímu pohledu na věc.

Každý se díváme na svět ze svého zorného úhlu. Zde nabývá významu i to, že Eva Davidová je žena nesmírně vnímavá k jakémukoli bezpráví, bolesti a utrpení. Také proto se z mnoha postav jejích snímků stali časem její přátelé, o něž má zájem, s nimiž si píše, navštěvuje je, o nichž ví mnohé, zná jejich děti, vnoučata i nemoci. Ani tento zájem nelze na snímcích přehlédnout.

V roce 1990 jsem v doprovodu Evy Davidové poprvé navštívila romské osady a poté jsme spolu jezdily téměř pravidelně. Ale právě poprvé jsem byla udivena tím, že kam jsme přijely, všude vybíhali z ubohých chatrčí Romové a volali *amari Eva, Evička!* (naše Eva, Evička!). Tehdy mě napadla myšlenka, že známá romská píseň *Evo – bičhav mange fotka* (Evo – pošli mi fotku) je právě o této Evě, kterou Romové objímají, kamkoli přijde. Romové mají Evu Davidovu rádi a považují ji *za „amari čhaj“* (za svoji). A Eva Davidová má ráda Romy: *„Nikde jsem nepoznala takovou ohromnou soudržnost jako u Romů. Romové se za vás postaví, ochrání vás a pomohou. Jednou mě přišli do romské osady kontrolovat policisté, protože si mysleli, že jsem špiónka. Neměla jsem s sebou potvrzení o studiu na fakultě, a tak mě chtěli vzít na služebnu. Najednou kolem mně udělali Romové kruh a nechtěli mě policistům vydat. Měli strach, že mě zavřou, tak se postavili proti nim. Bylo to opravdu silné, v tu chvíli jsem pocítila, že jsem jejich. Ačkoliv nejsem Romka, uvnitř jsem se jí stala.“*[9]

Jana Horváthová

Poznámky

1 Manuš, Erika: Cesty za teplem v sychravých dnech, in: *Romové ve fotografii Evy Davidové*, Praha, Fortuna 2001.
2 Horváth, Gejza: Evo – bičhav mange fotka. Rozhovor s Evou Davidovou, *Romano hangos*, č. 8, 15. 5. 2002.
3 Manuš, Erika: Mé cesty k Romům jsou cesty k lidem. Rozhovor s etnografkou, socioložkou a romistkou Evou Davidovou, *Revolver Revue*, č. 46, květen 2001, s. 230.
4 Tamtéž.
5 Tamtéž, s. 231.
6 Horváthová, Jana: Dílčí příspěvek k zamyšlení nad povahou a působením zákona č. 117 / 1927 Sbzn. o potulných cikánech ze zorného úhlu současných znalostí v oblasti romistiky a sociální práce, in: *Milý Bore… Profesoru Ctiboru Nečasovi k jeho sedmdesátým narozeninám*, Brno 2003, s. 316.
7 Dzurko, Rudolf: Zkáza civilizace, in: *Jdeme dlouhou cestou*, Praha 1998, s. 216.
8 Horváthová, Jana: *Cikán a fotka* (úryvek z nepublikovaného eseje).
9 Horváth, Gejza: Evo – bičhav mange fotka. Rozhovor s Evou Davidovou, *Romano hangos*, č. 8, 15. 5. 2002.

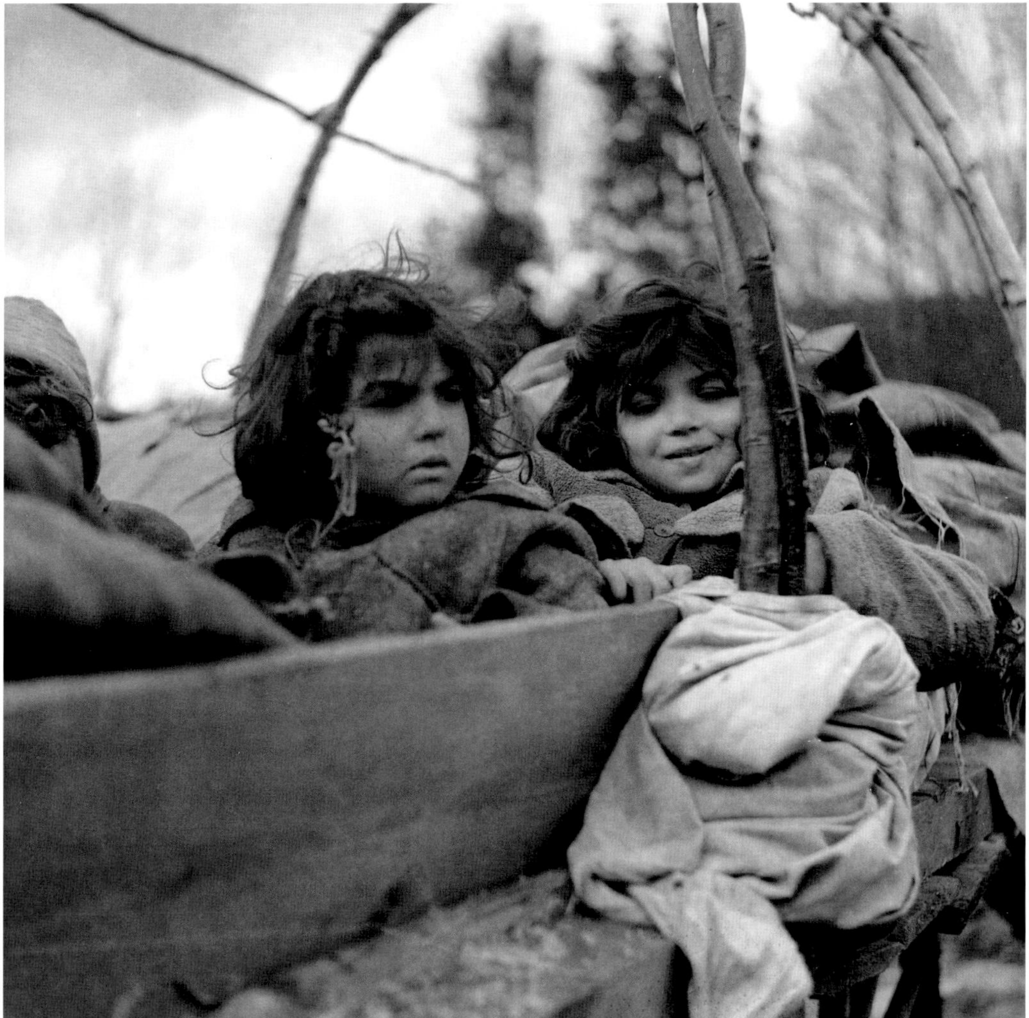

1 **Volary** 1958

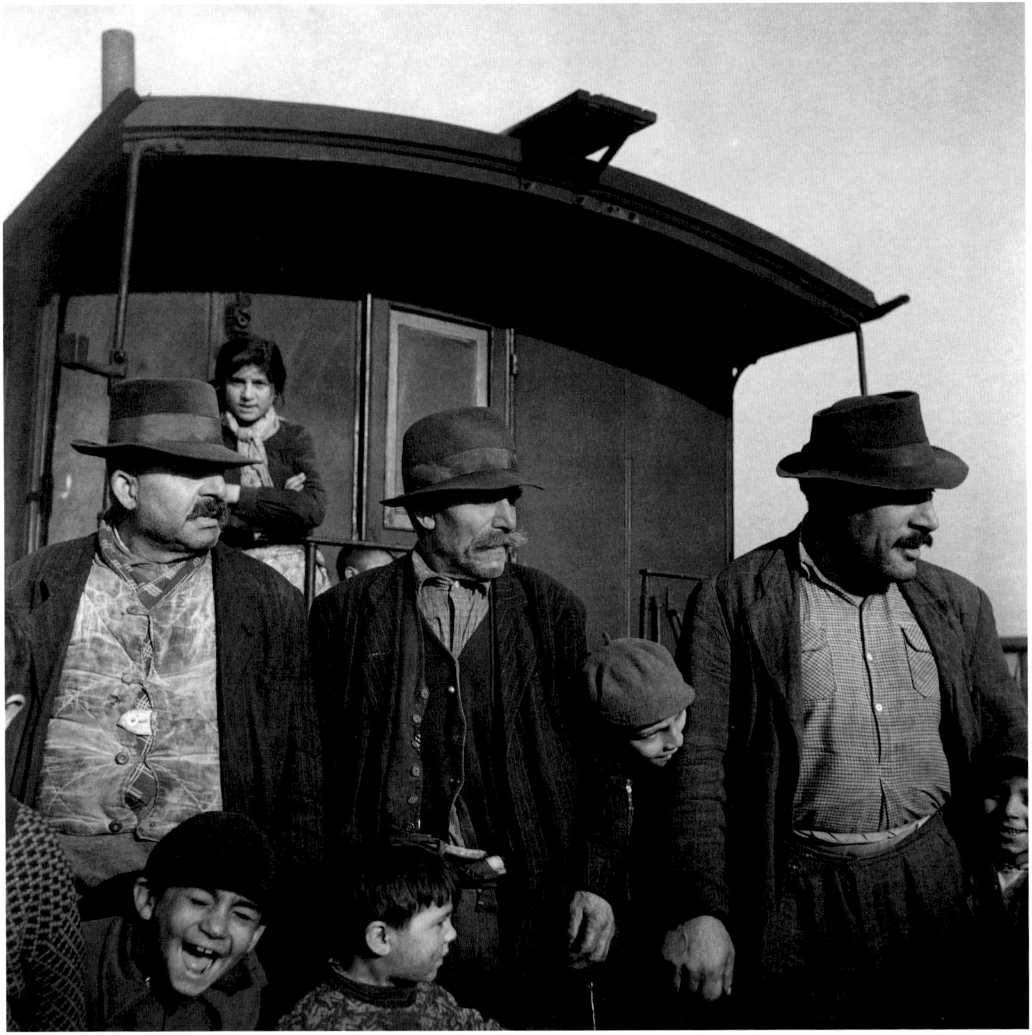

2 **Český Brod** 1959

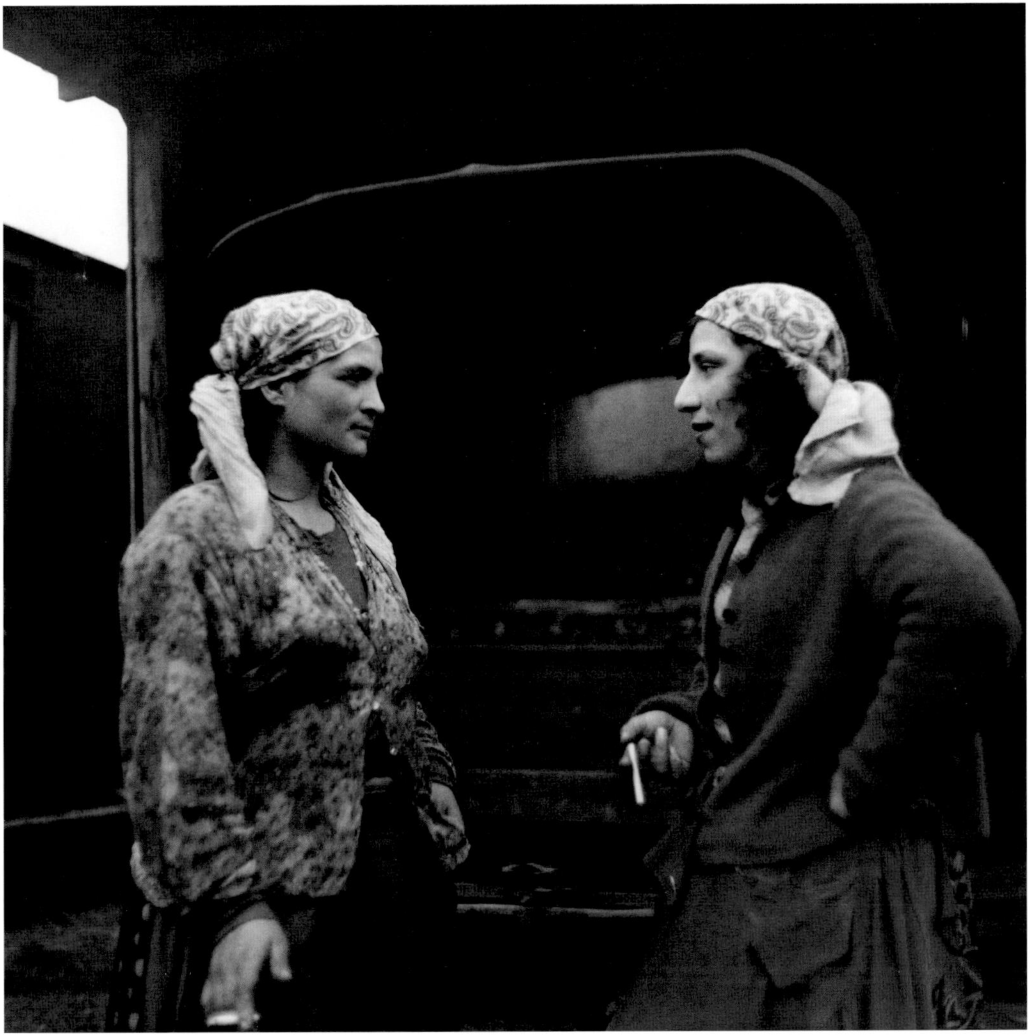

3 **Český Brod** 1959

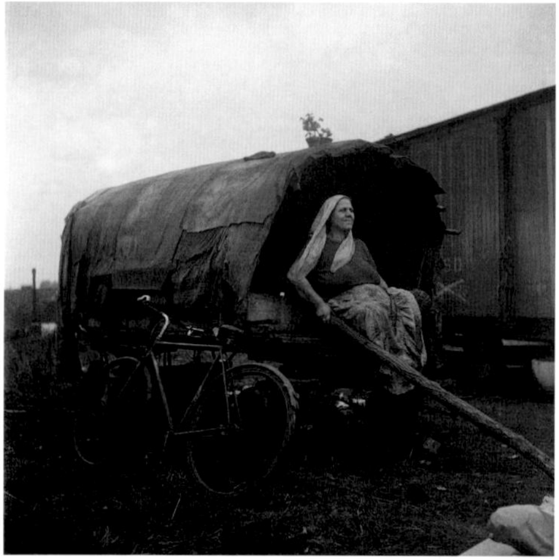

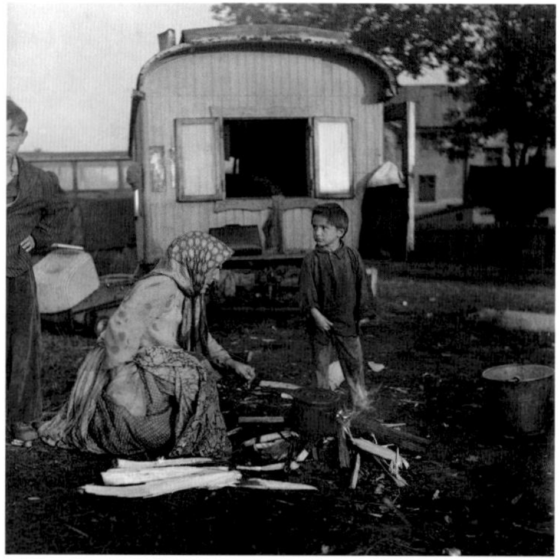

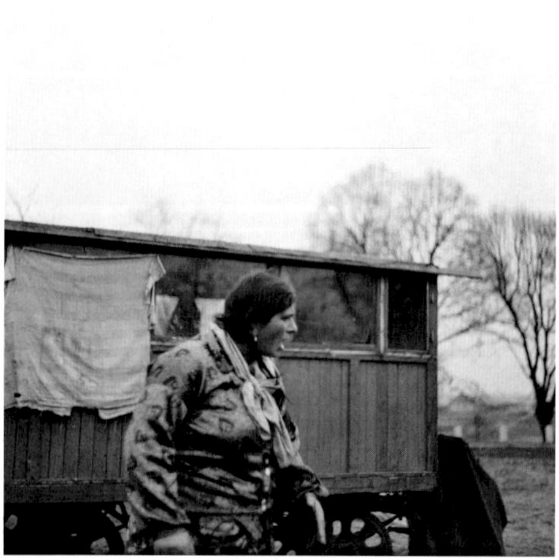

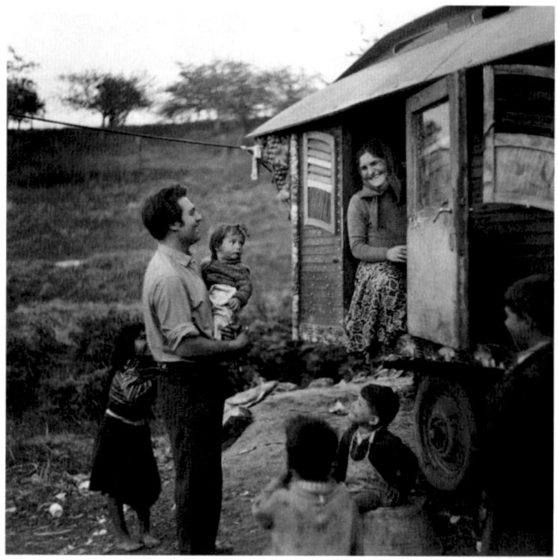

4 **Kladno** 1959

5 **Kladno** 1959

6 **Český Brod** 1959

7 **Hlohovec, Slovakia / Slovensko** 1958

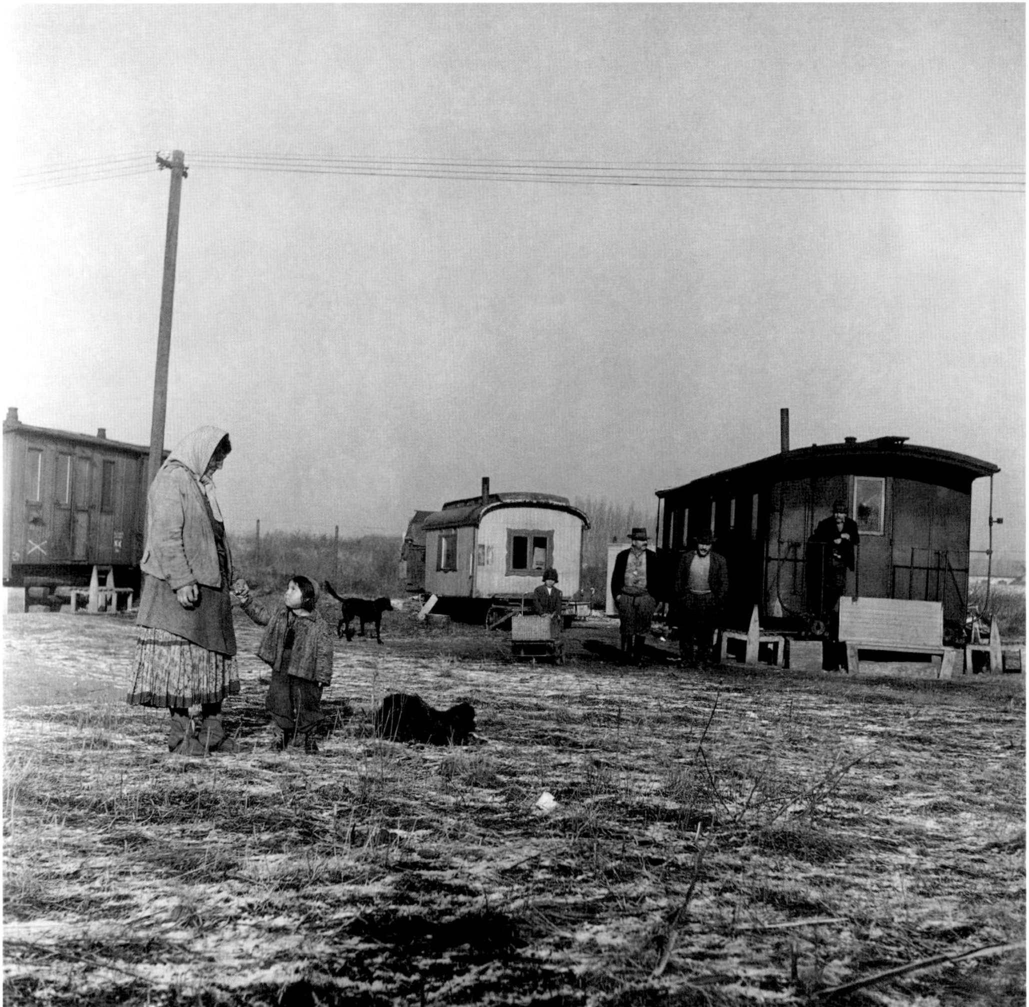

8 **Kladno** 1959

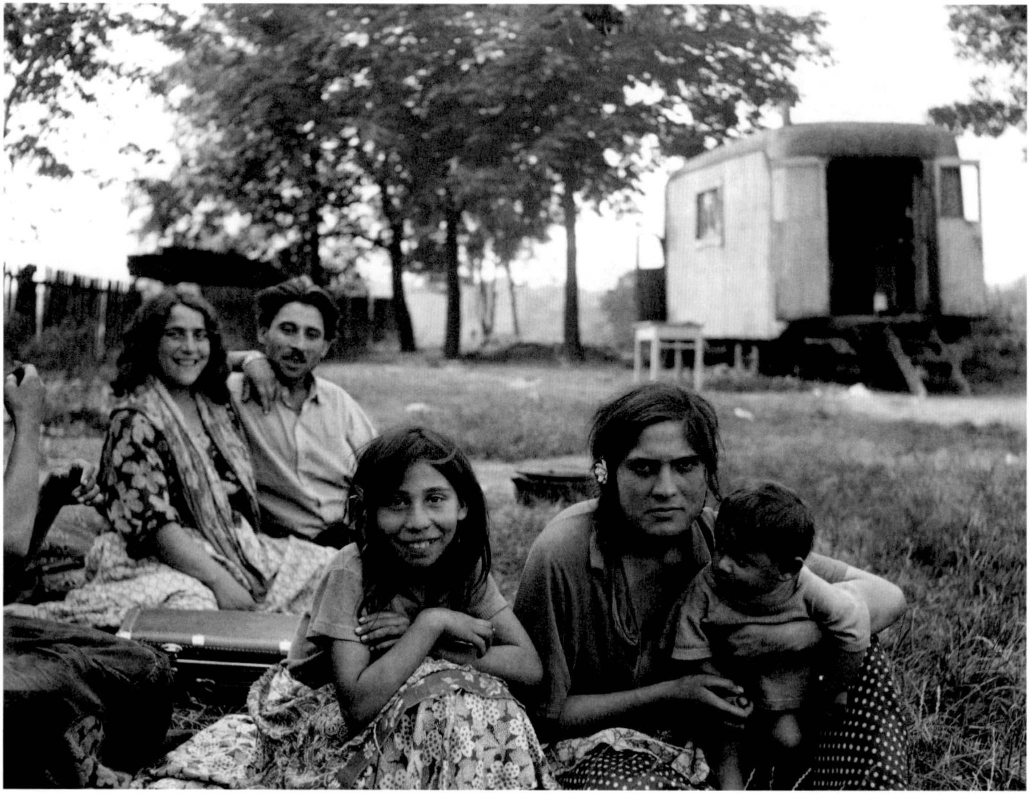

9 **Karviná** 1956

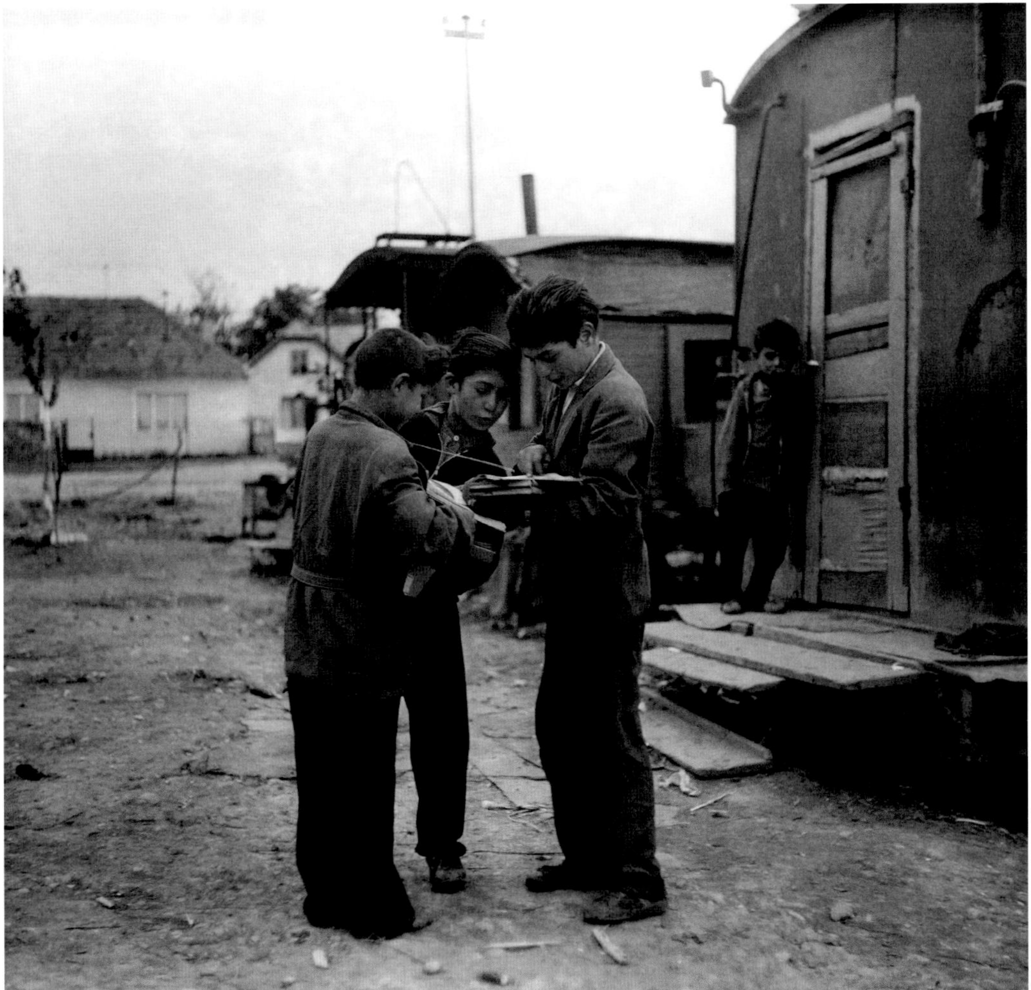

10 **Pečky** 1959

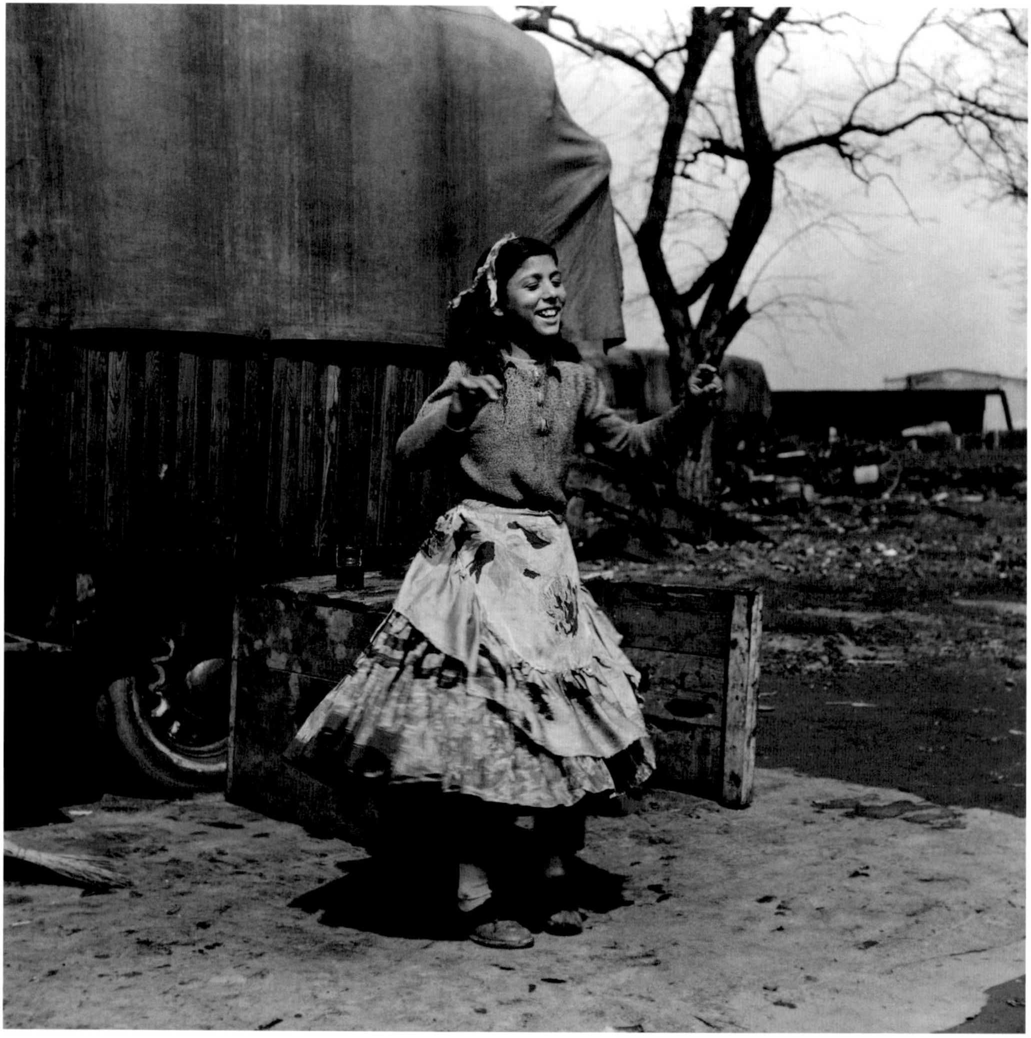

11 **Hlohovec, Slovakia / Slovensko** 1958

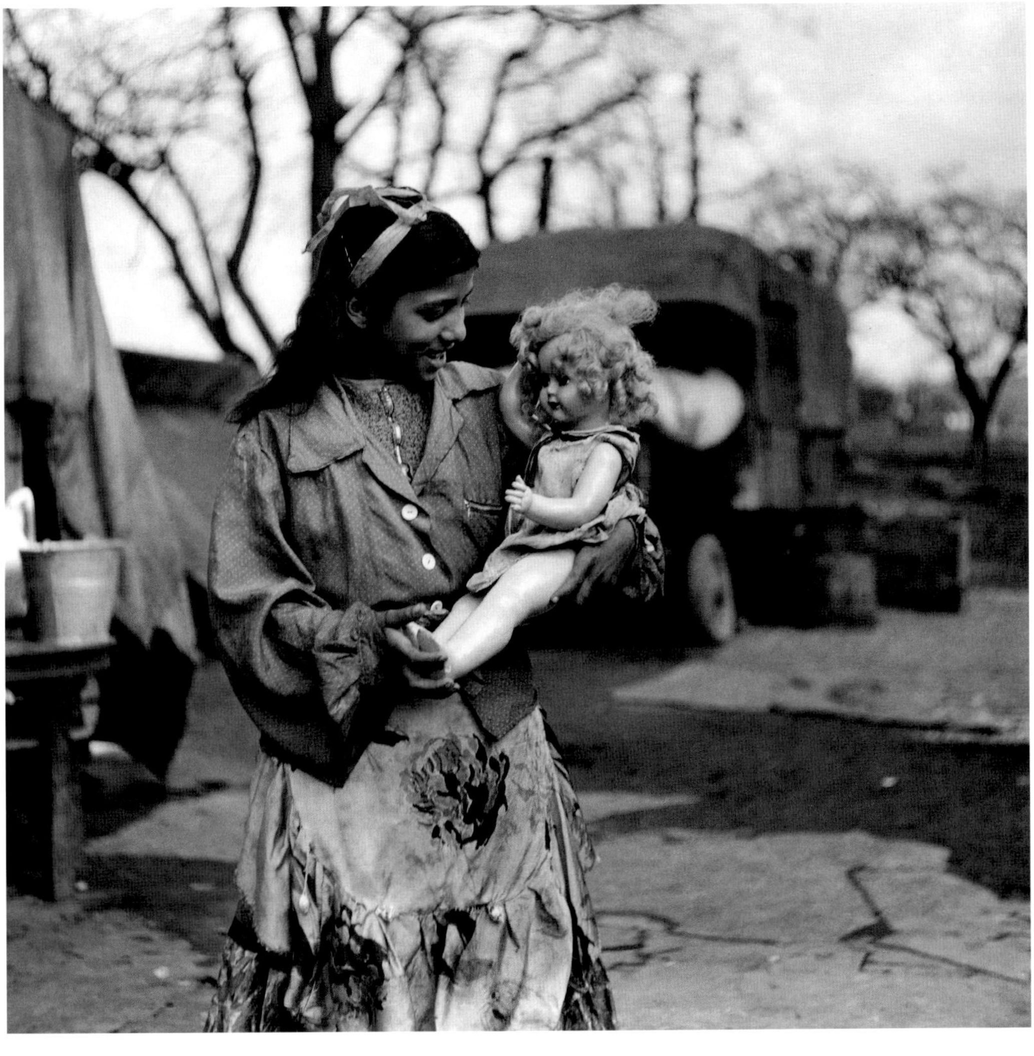

12 **Hlohovec, Slovakia / Slovensko** 1959

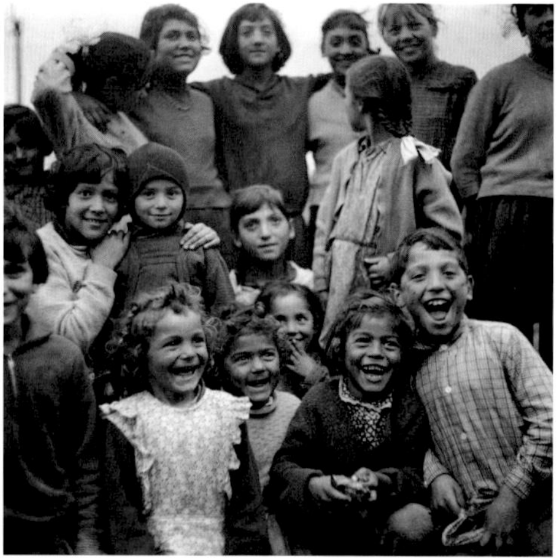

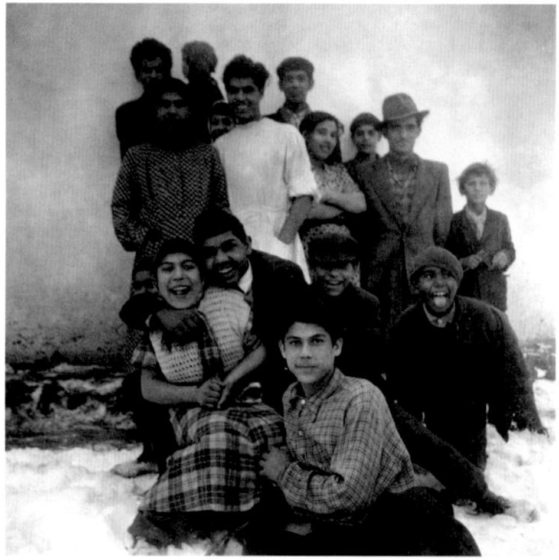

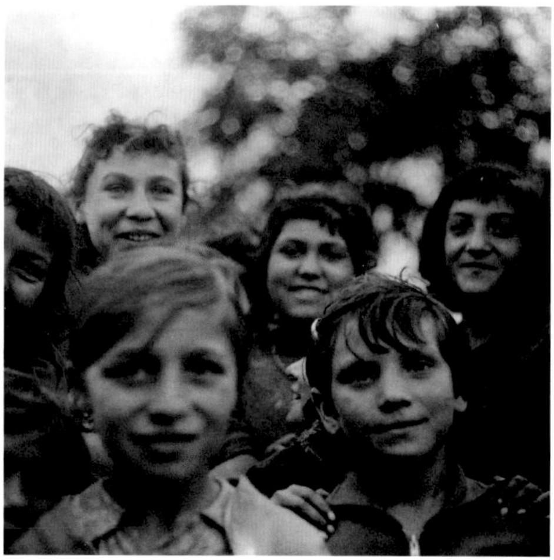

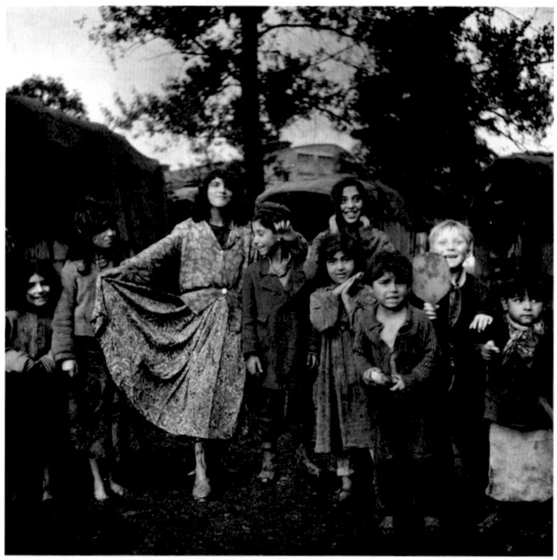

13 **Michalovce, Slovakia / Slovensko** 1962

15 **Děčín** 1975

14 **Trebišov, Slovakia / Slovensko** 1956

16 **Český Brod** 1959

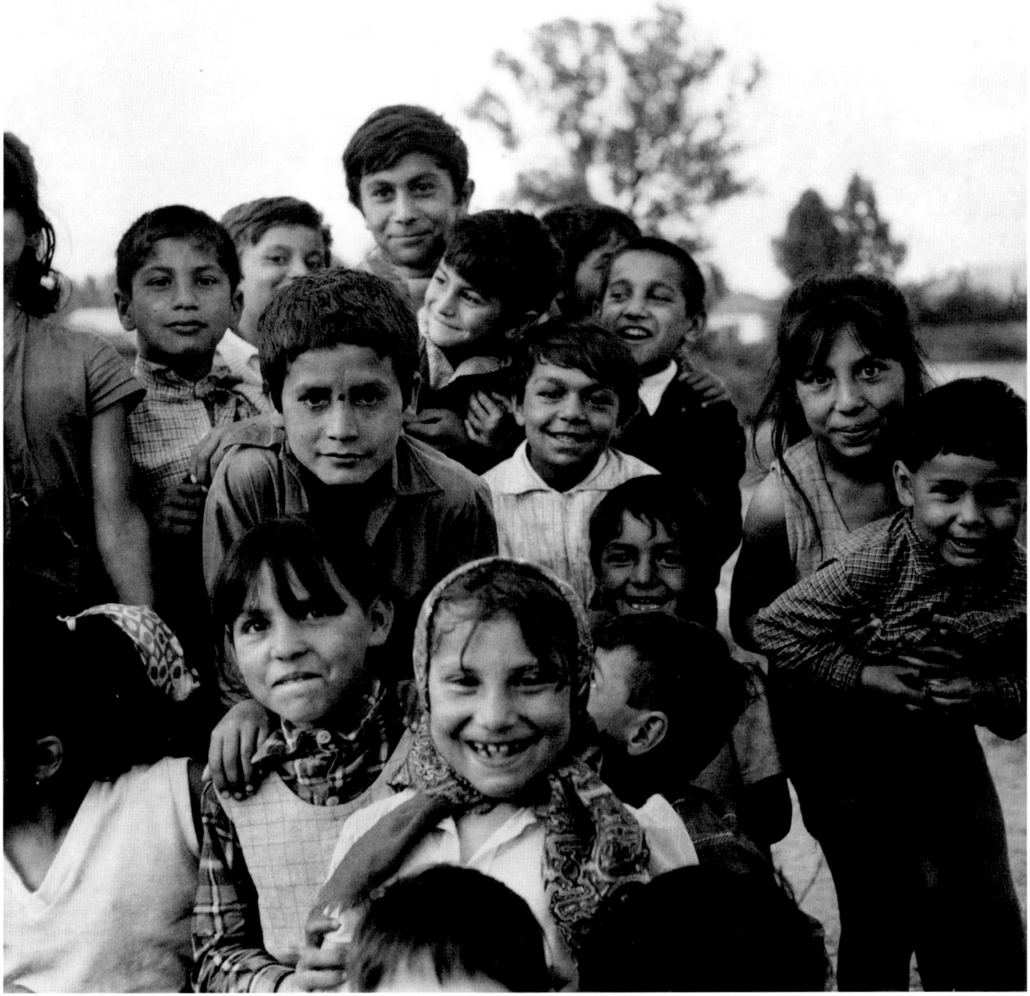

17 **Betlanovce, Slovakia / Slovensko** 1972

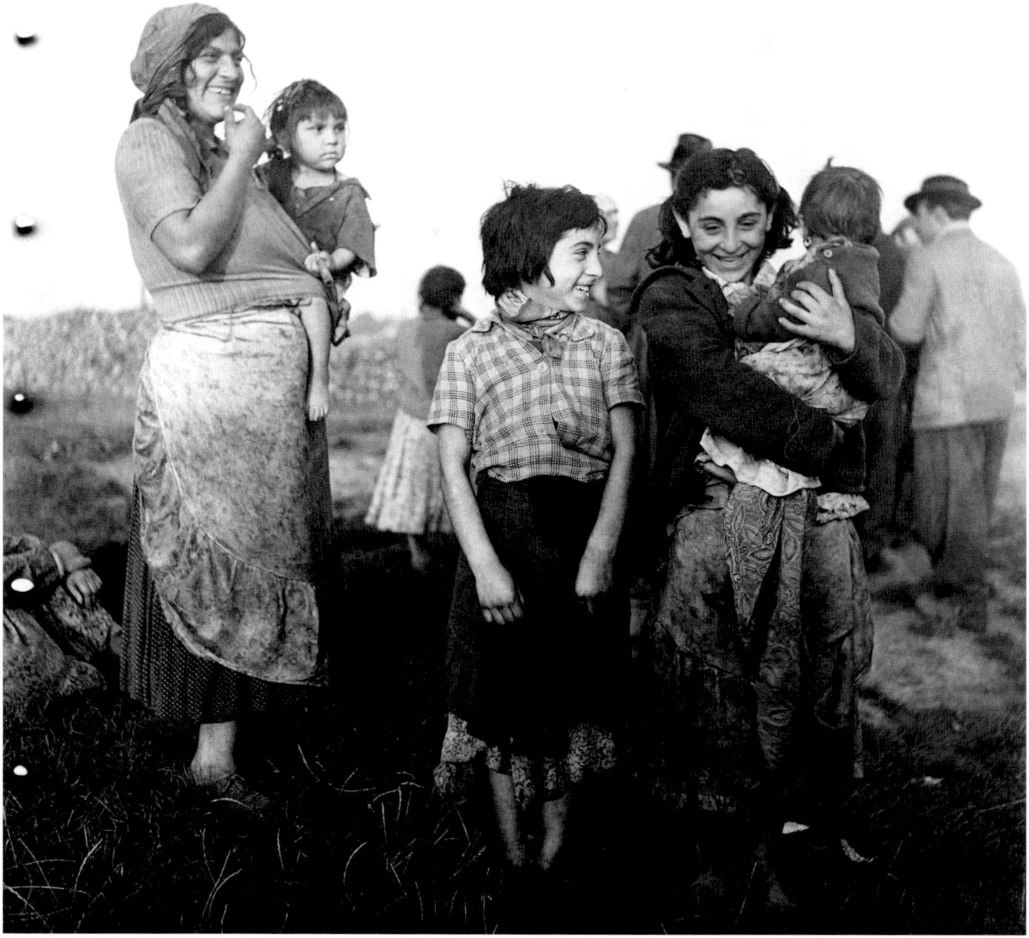

18 **Kladno** 1959

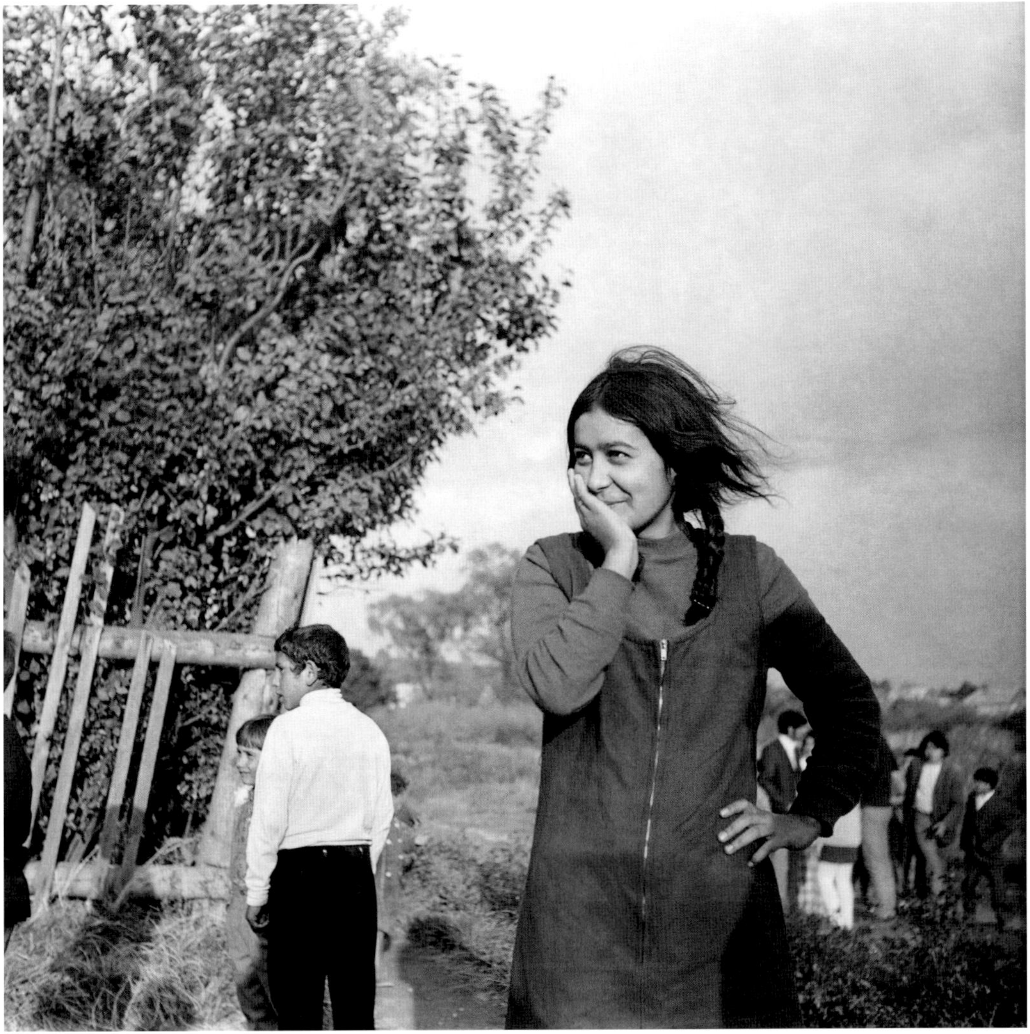

19 **Českokrumlovsko** 1988

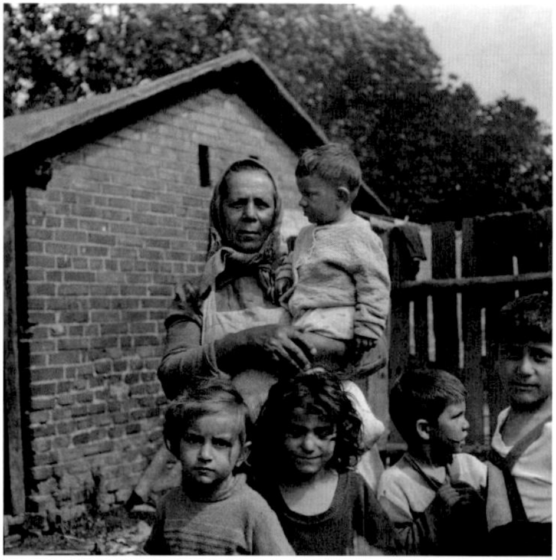

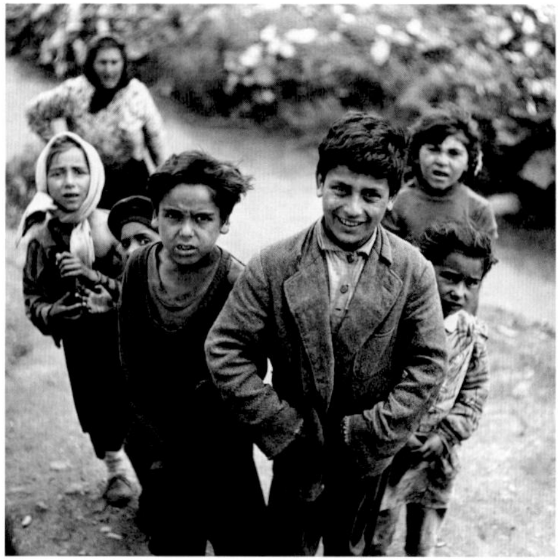

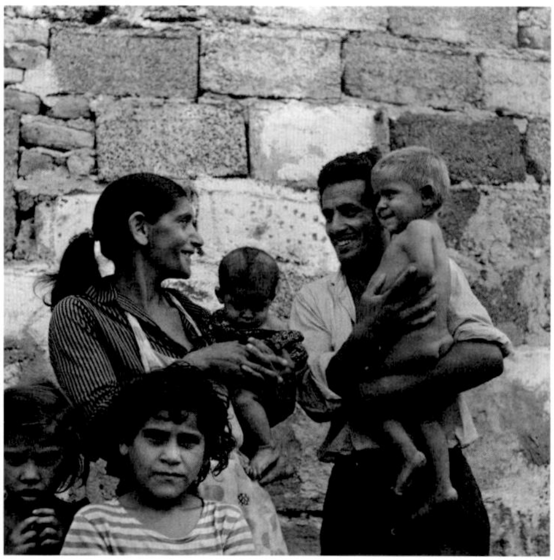

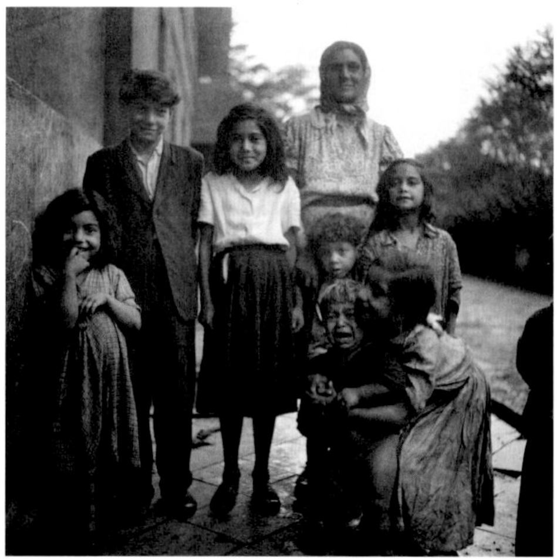

20 **Děčín** 1975

21 **Hrabušice, Slovakia / Slovensko** 1976

22 **Trebišov, Slovakia / Slovensko** 1985

23 **Severní Čechy** 1968

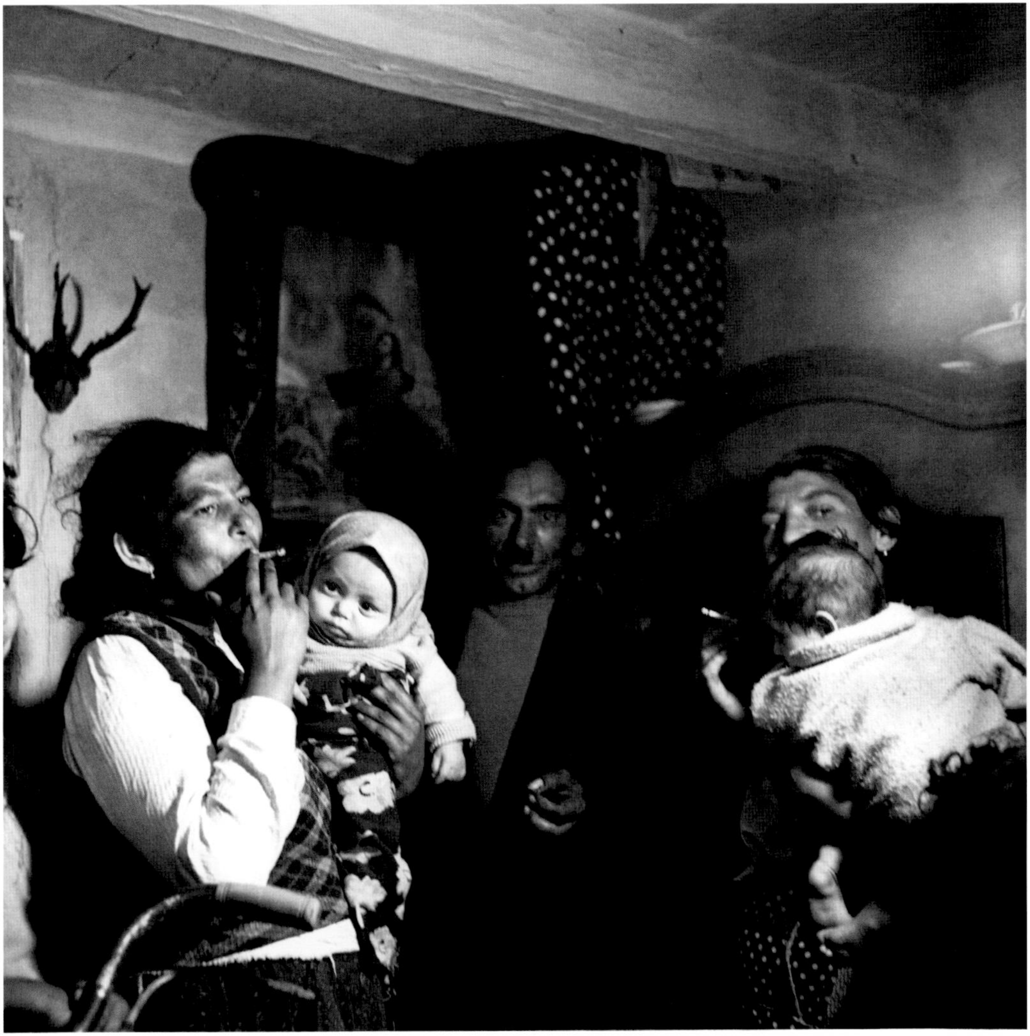

24 **Letanovce, Slovakia / Slovensko** 1972

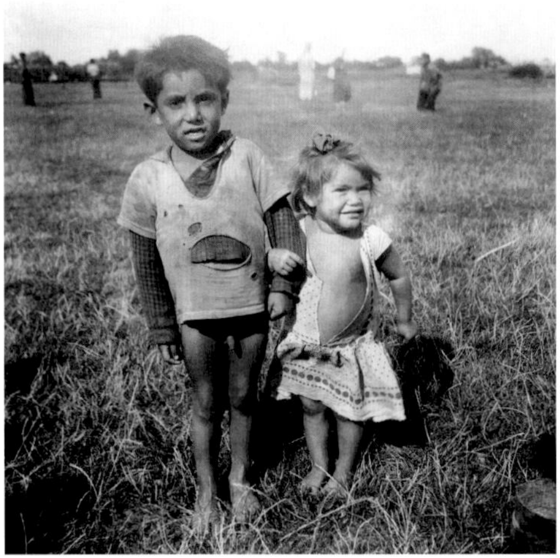

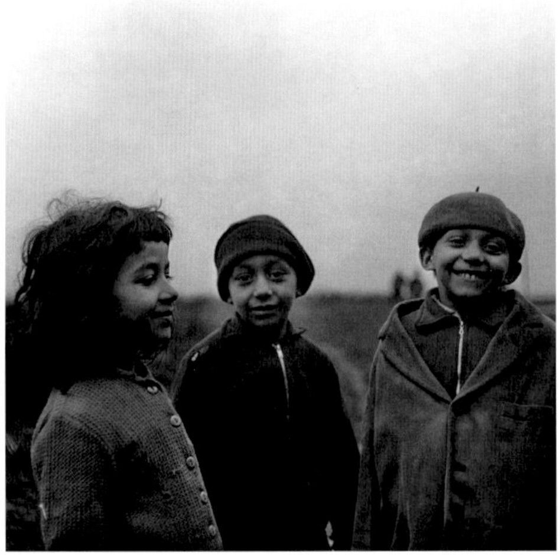

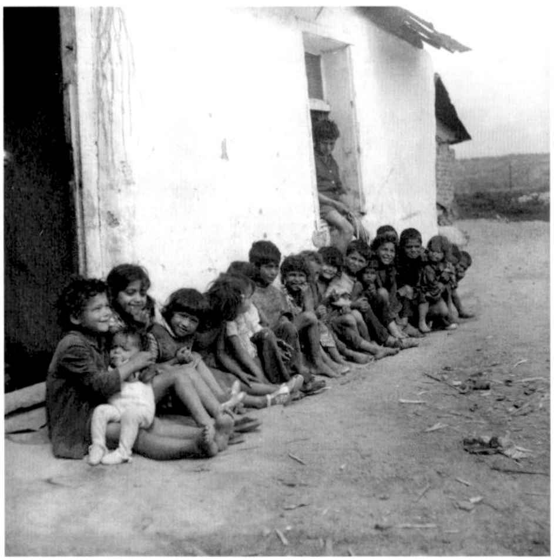

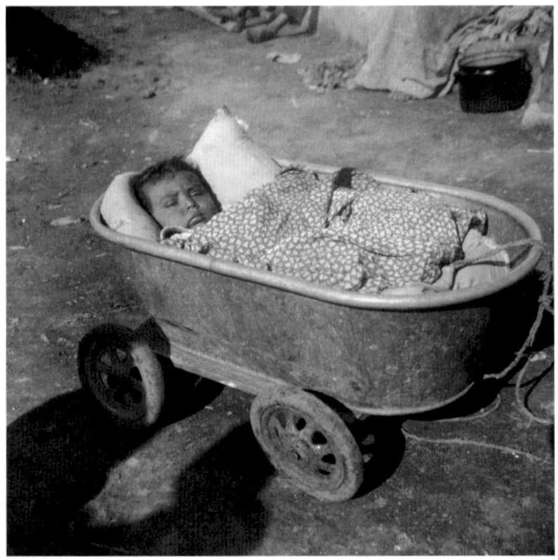

25 **Trebišov, Slovakia / Slovensko** 1956

26 **Most** 1971

27 **Betlanovce, Slovakia / Slovensko** 1976

28 **Rudňany, Slovakia / Slovensko** 1972

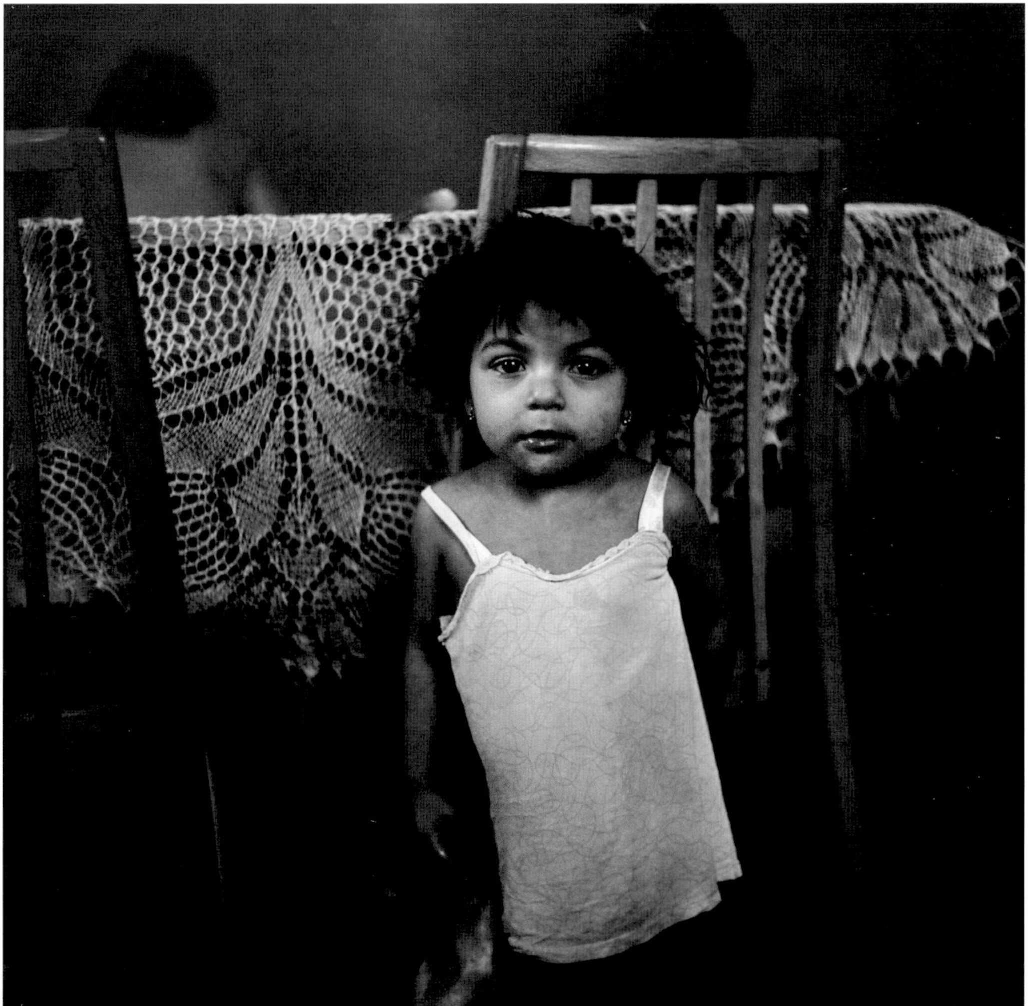

29 **Ostrava** 1966

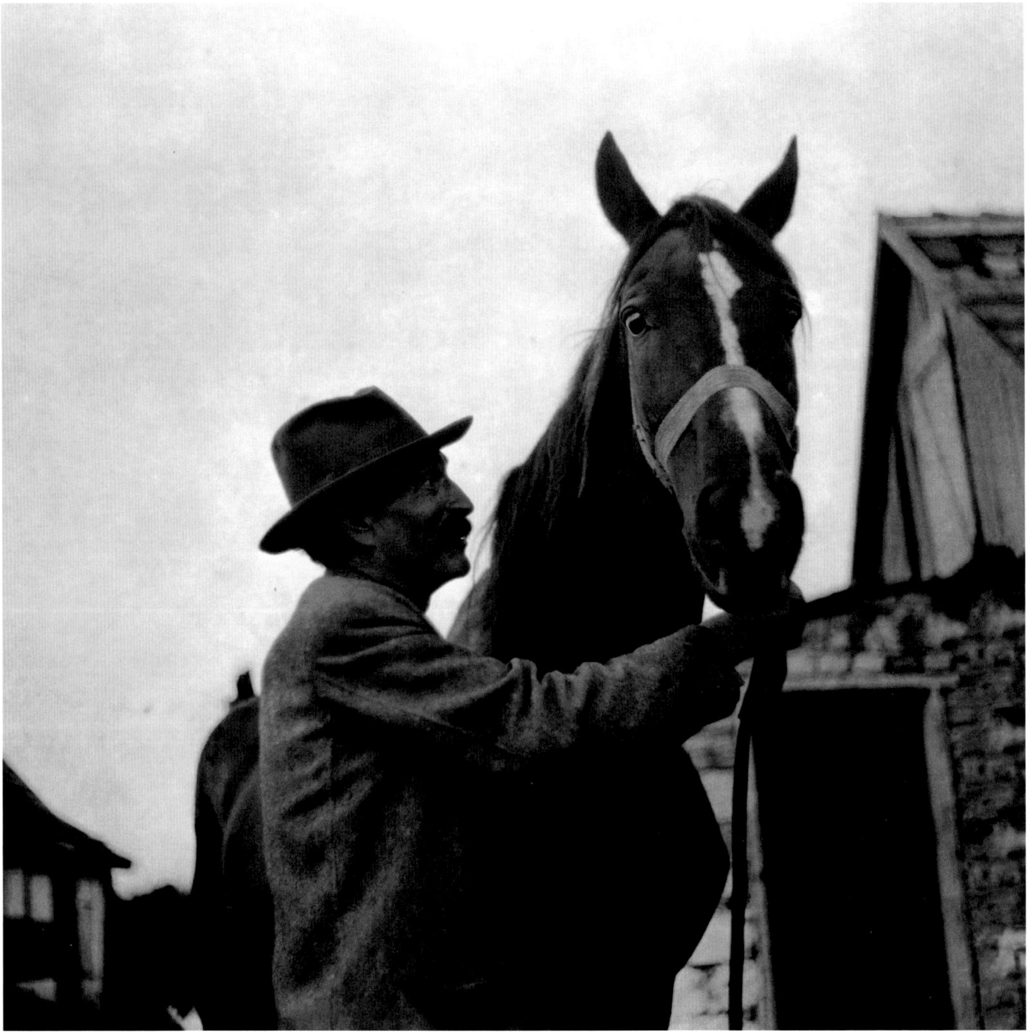

30 **Petrovany u Prešova, Slovakia / Slovensko** 1970

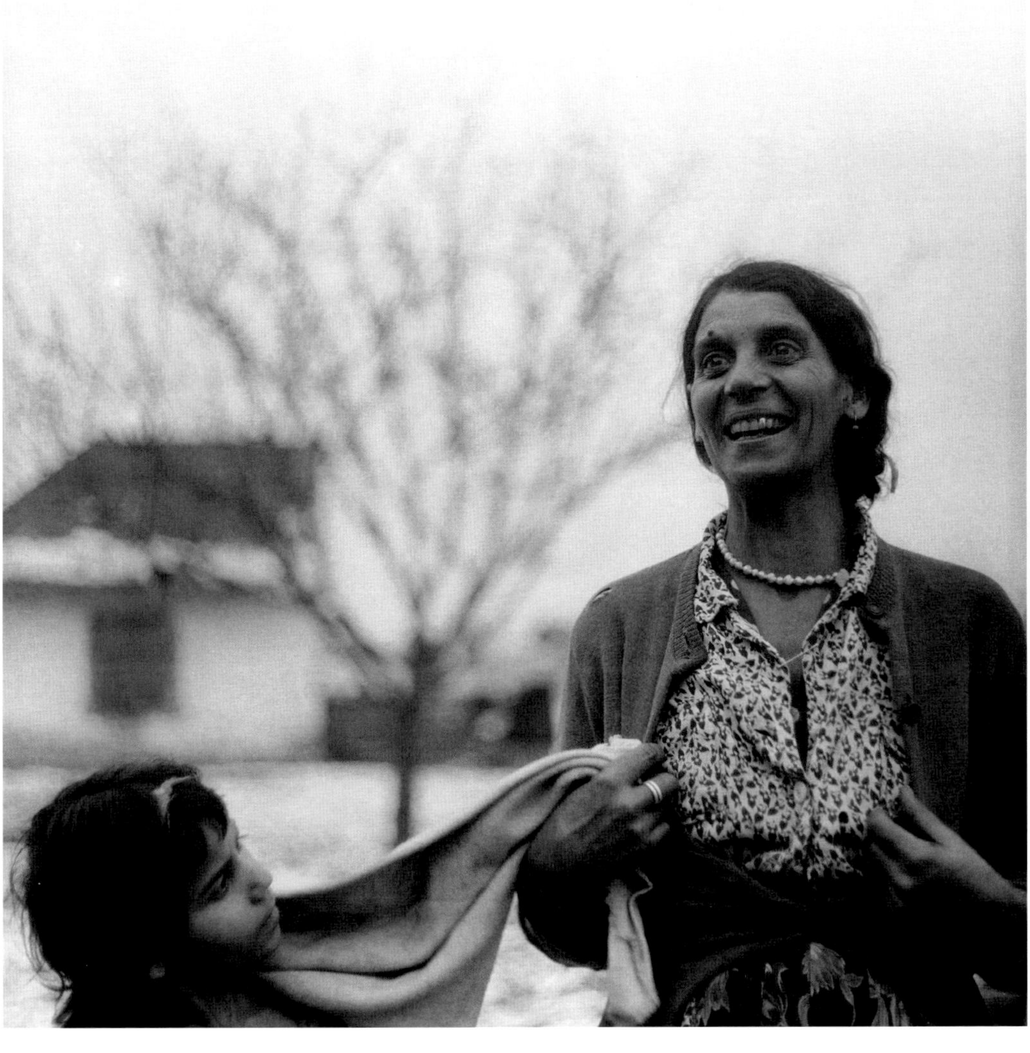

31 **Eastern Slovakia / Východní Slovensko** 1960

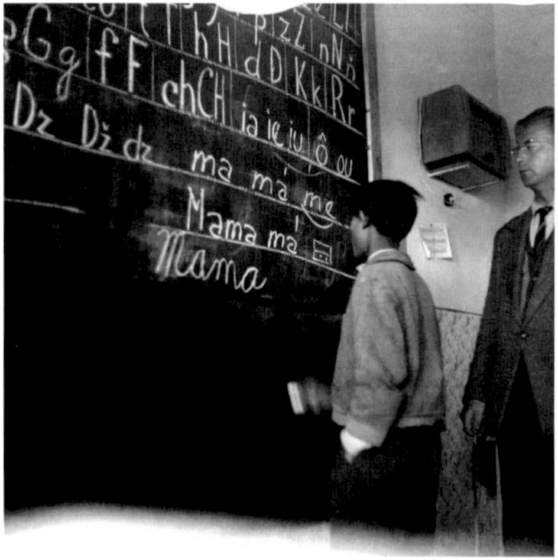

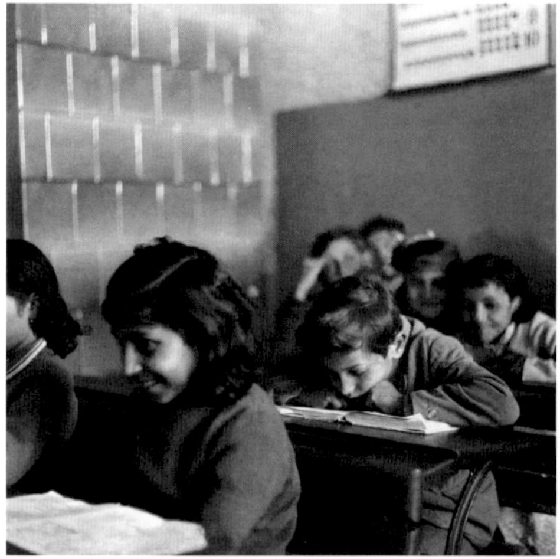

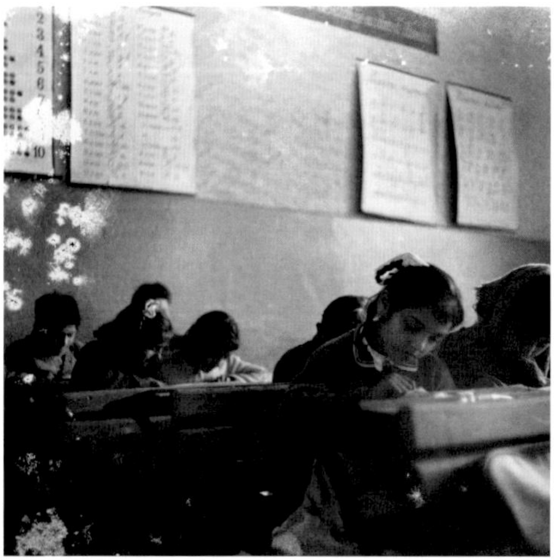

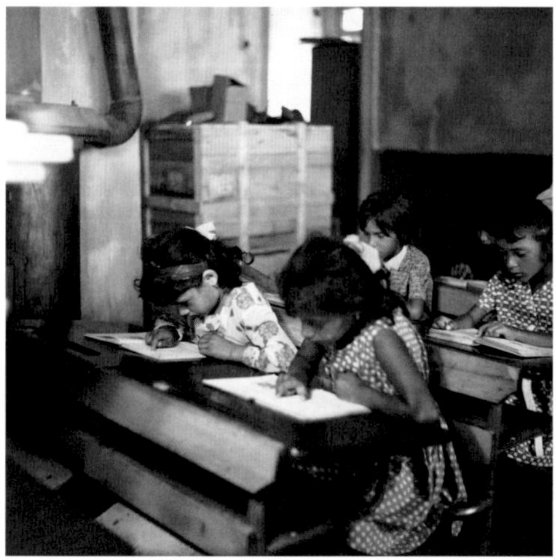

32 **Trebišov, Slovakia / Slovensko** 1961

33 **Kladno** 1960

34 **Ostrava** 1957

35 **Ostravsko** 1968

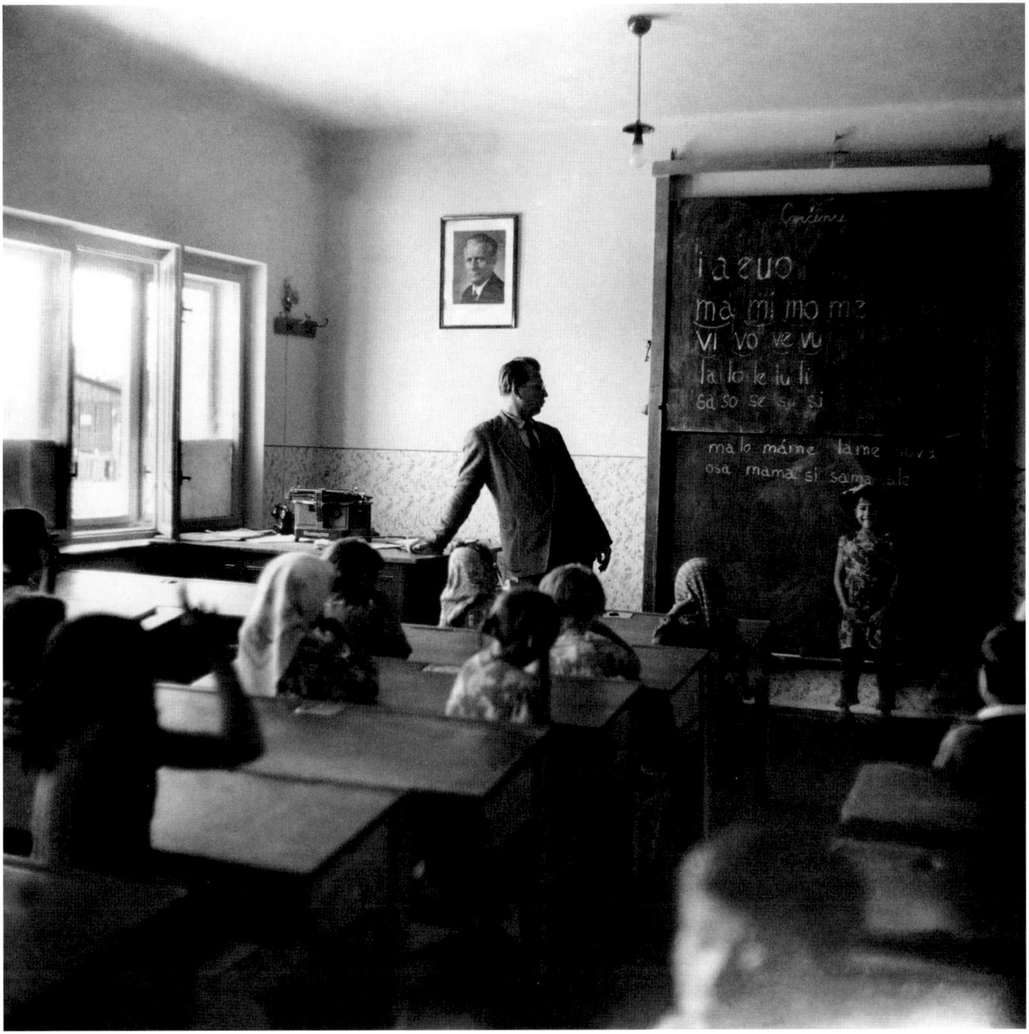

36 **Trebišov, Slovakia / Slovensko** 1961

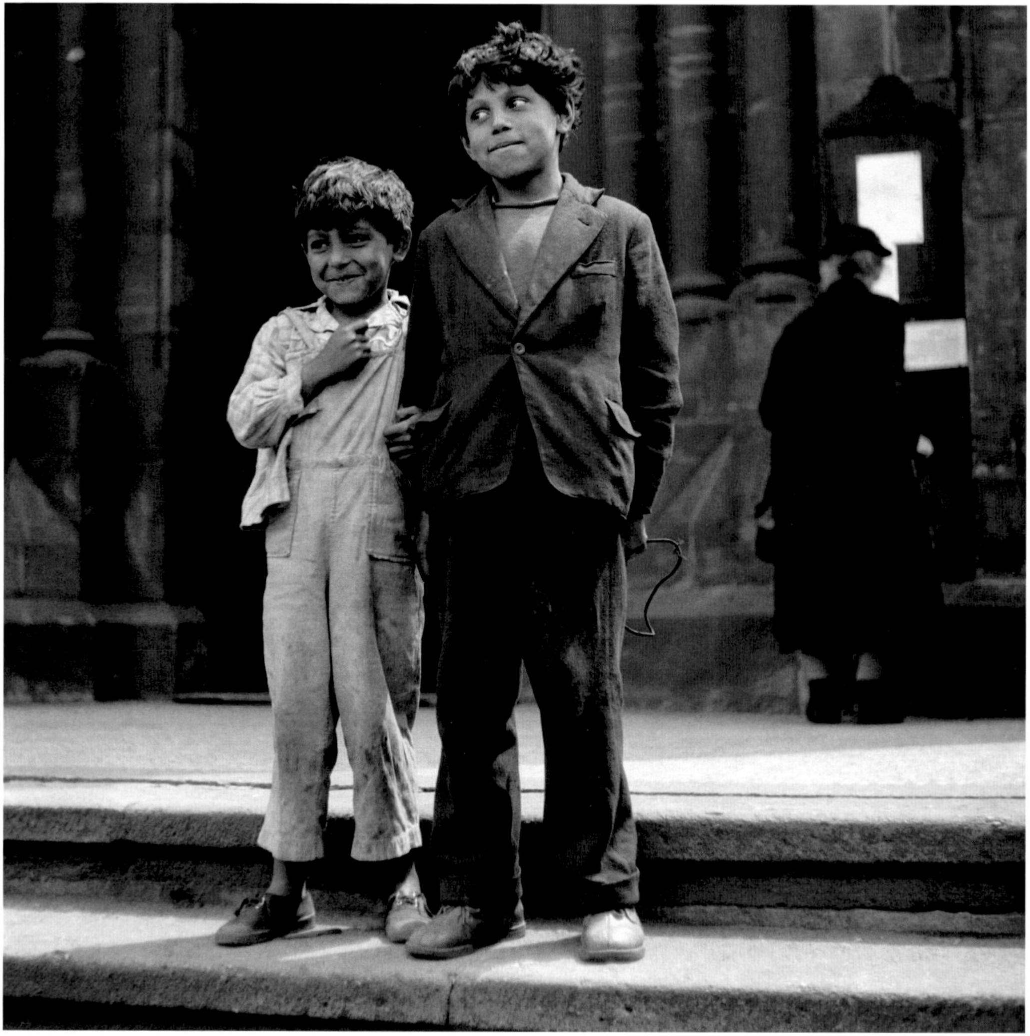

37 **Košice, Slovakia / Slovensko** 1962

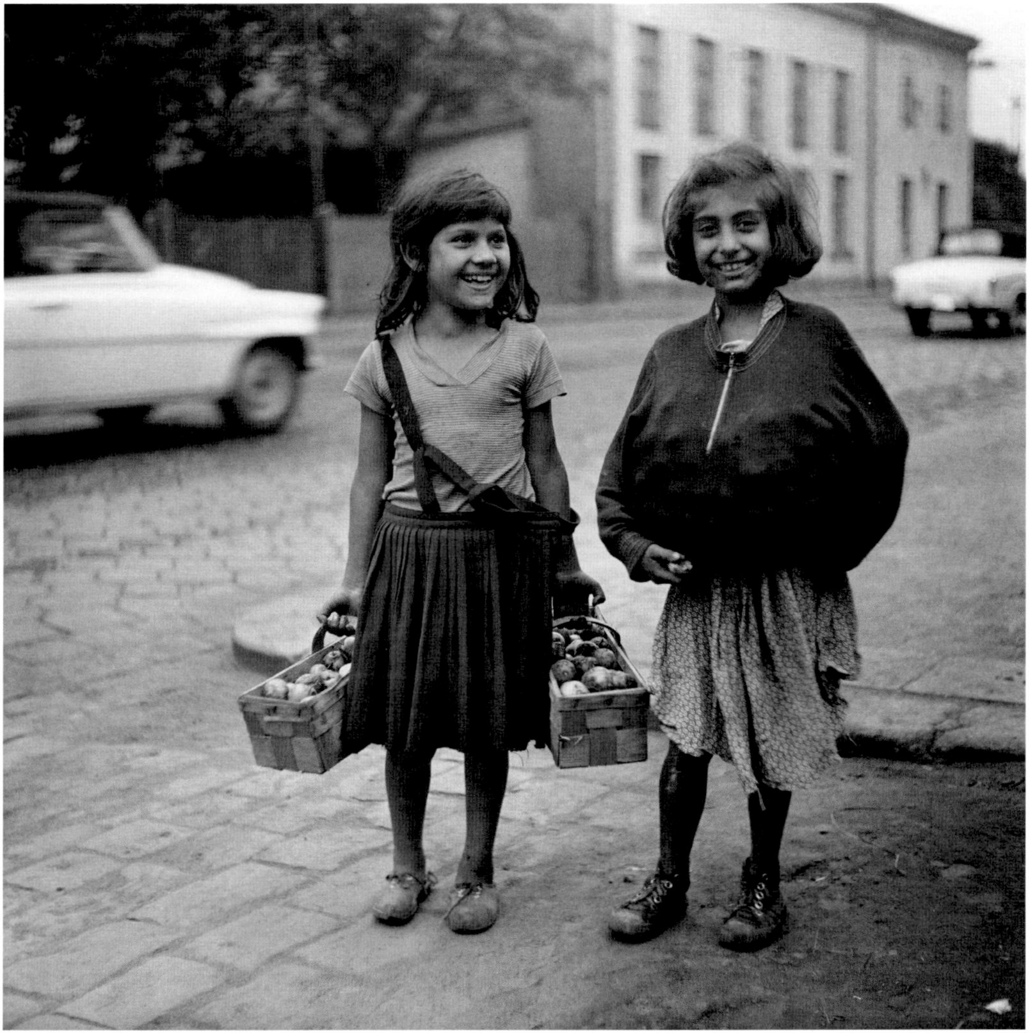

38 **Ostrava** 1970

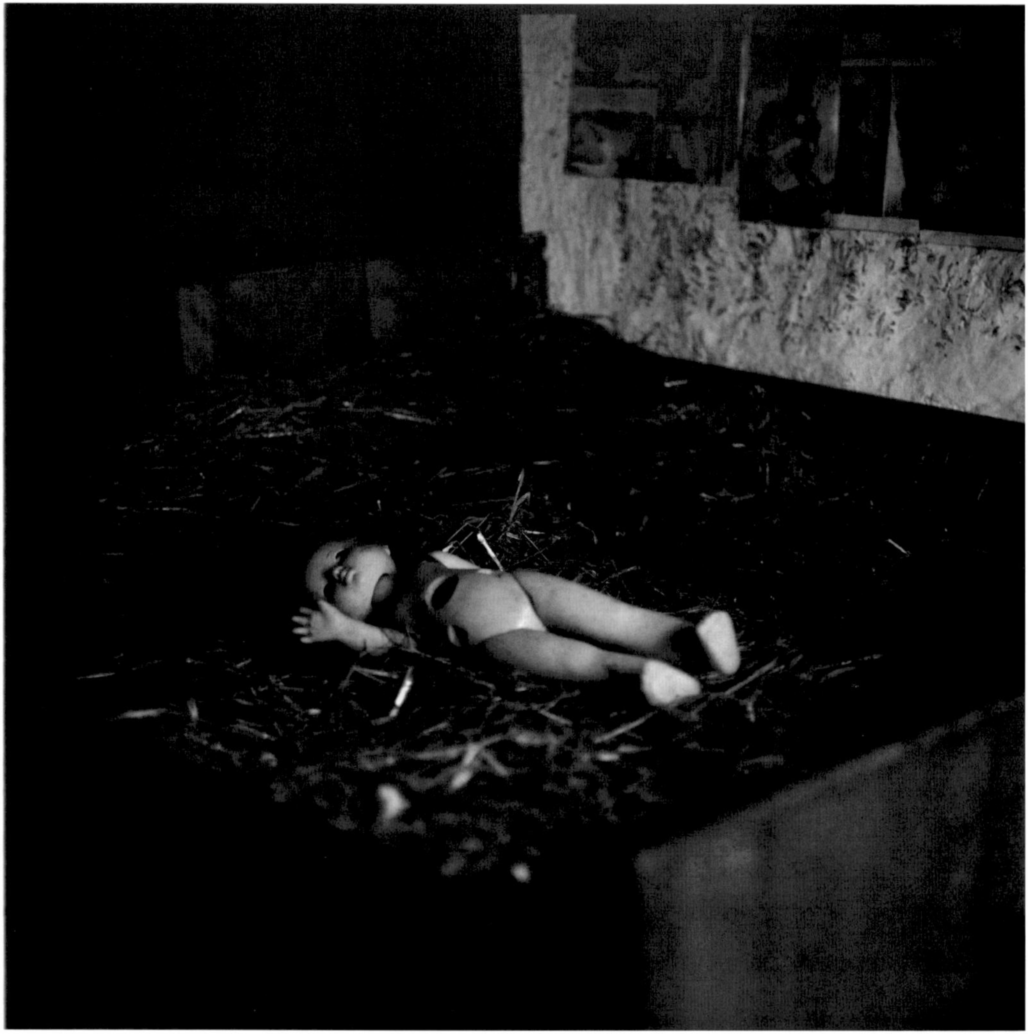

39 **Egreš, Slovakia / Slovensko** 1992

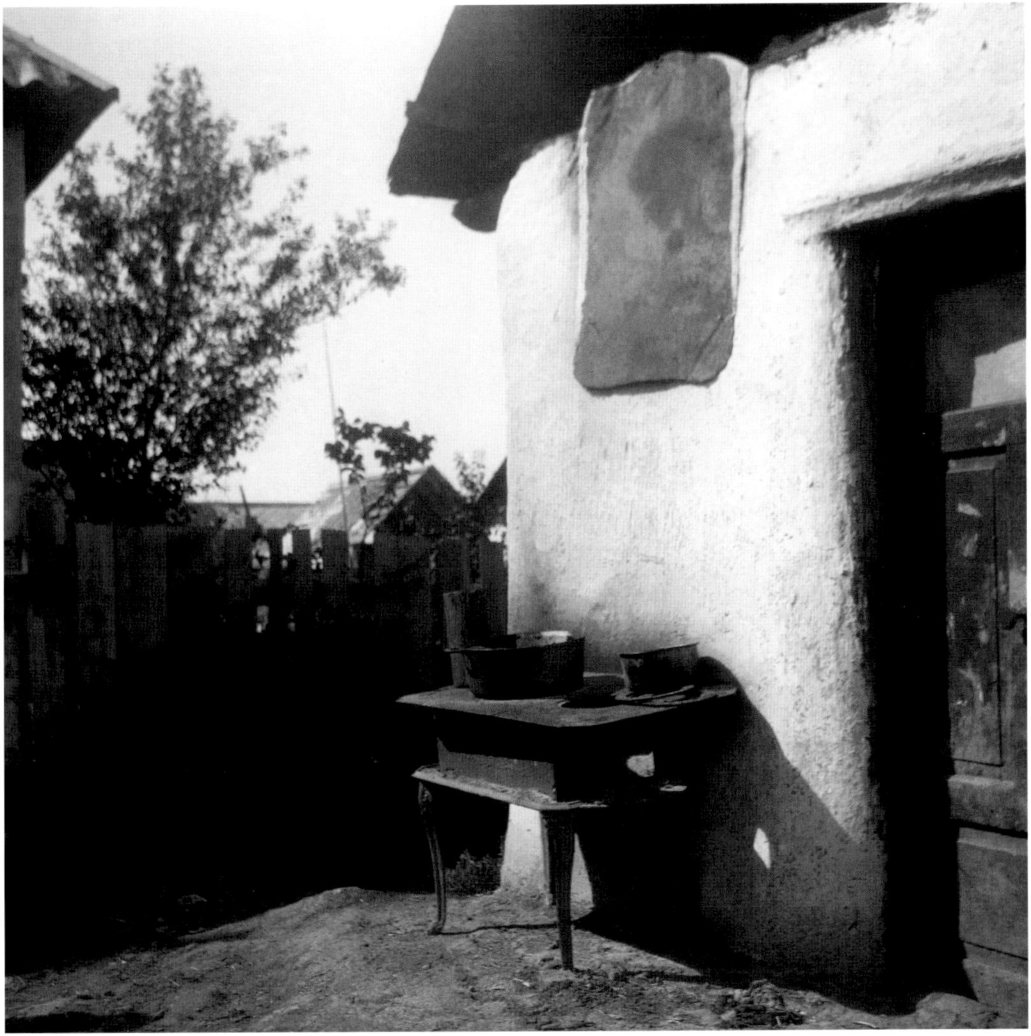

40 **Hrabušice, Slovakia / Slovensko** 1976

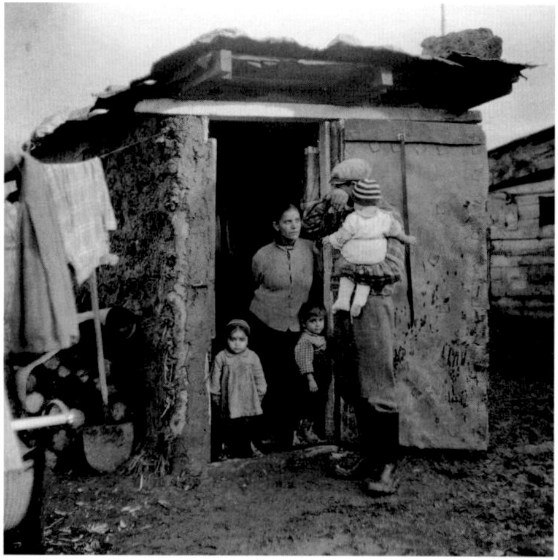

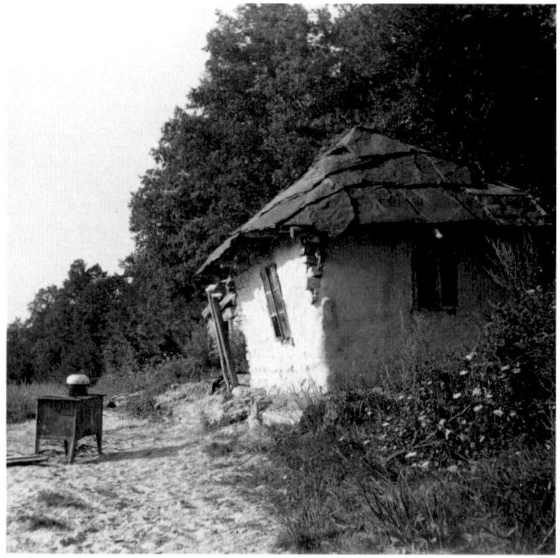

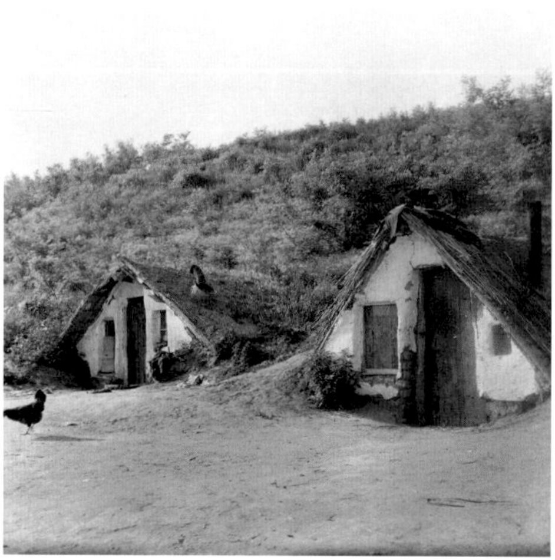

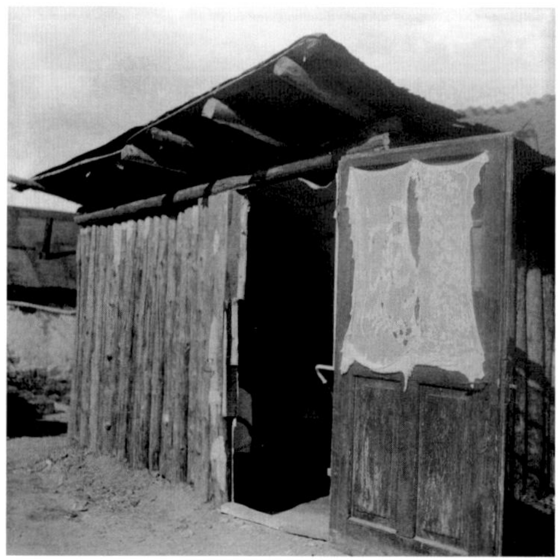

41 **Košice, Slovakia / Slovensko** 1961

42 **Hucín, Slovakia / Slovensko** 1962

43 **Somotor u Trebišova, Slovakia** 1972

44 **Betlanovce, Slovakia / Slovensko** 1976

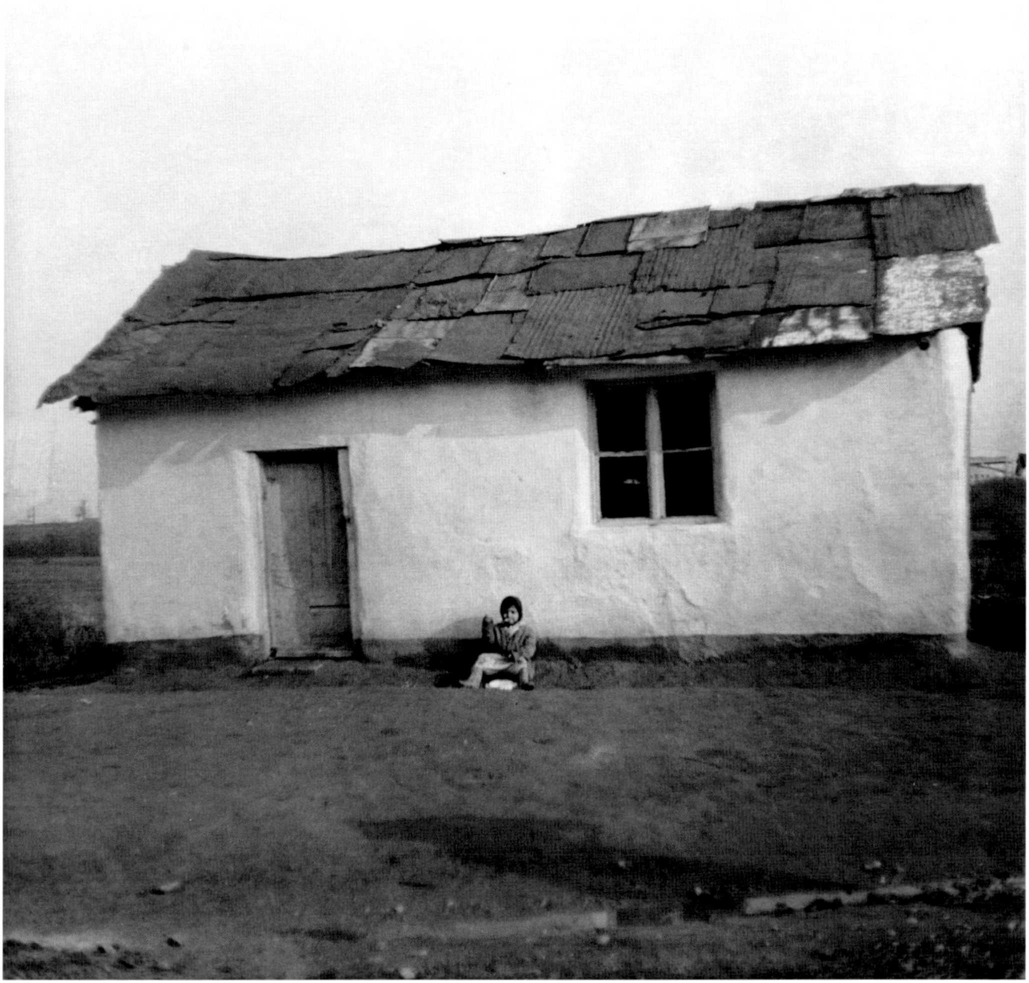

45 **Eastern Slovakia / Východní Slovensko** 1972

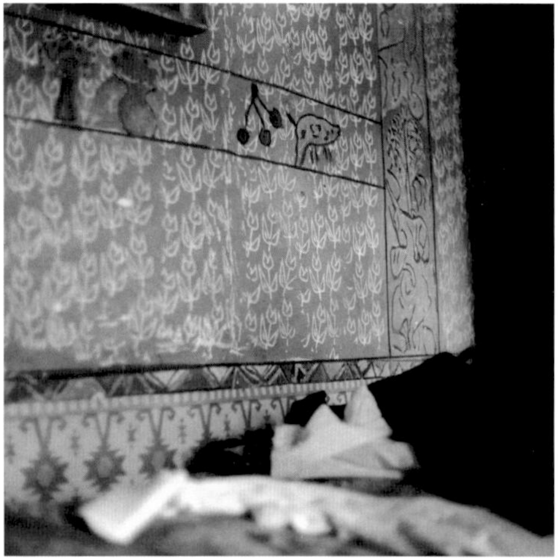

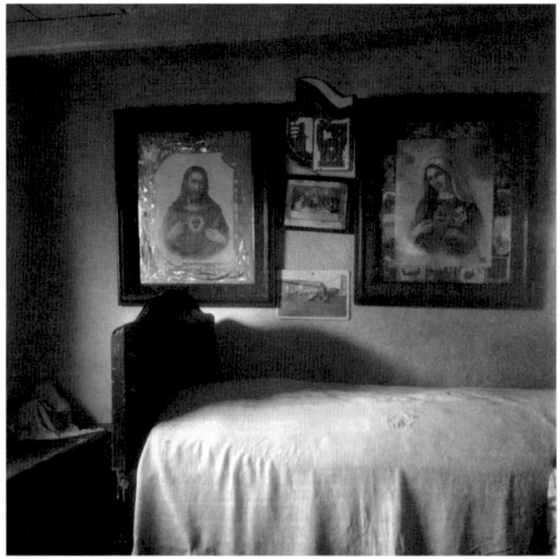

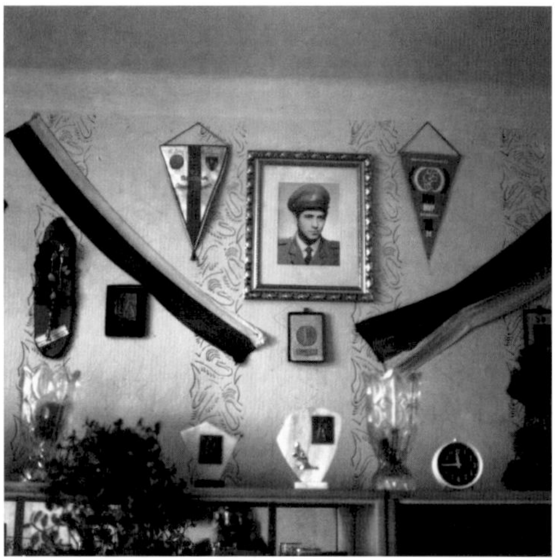

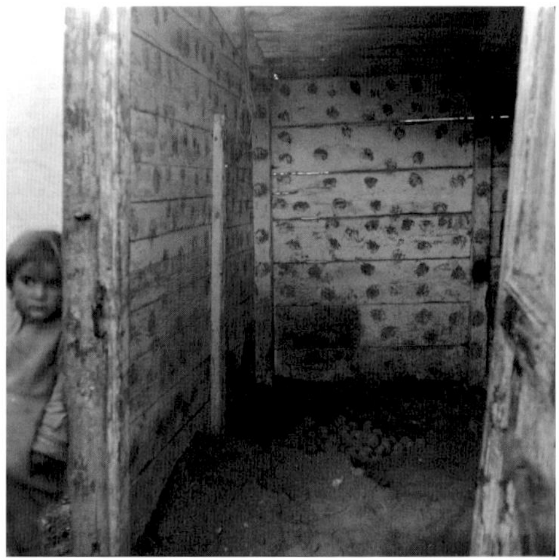

46 **Eastern Slovakia / Vých. Slovensko** 1991

48 **Pohorská Ves, Českokrumlovsko** 1989

47 **Eastern Slovakia / Vých. Slovensko** 1995

49 **Krásná Hôrka-Podhradie, Slovakia** 1962

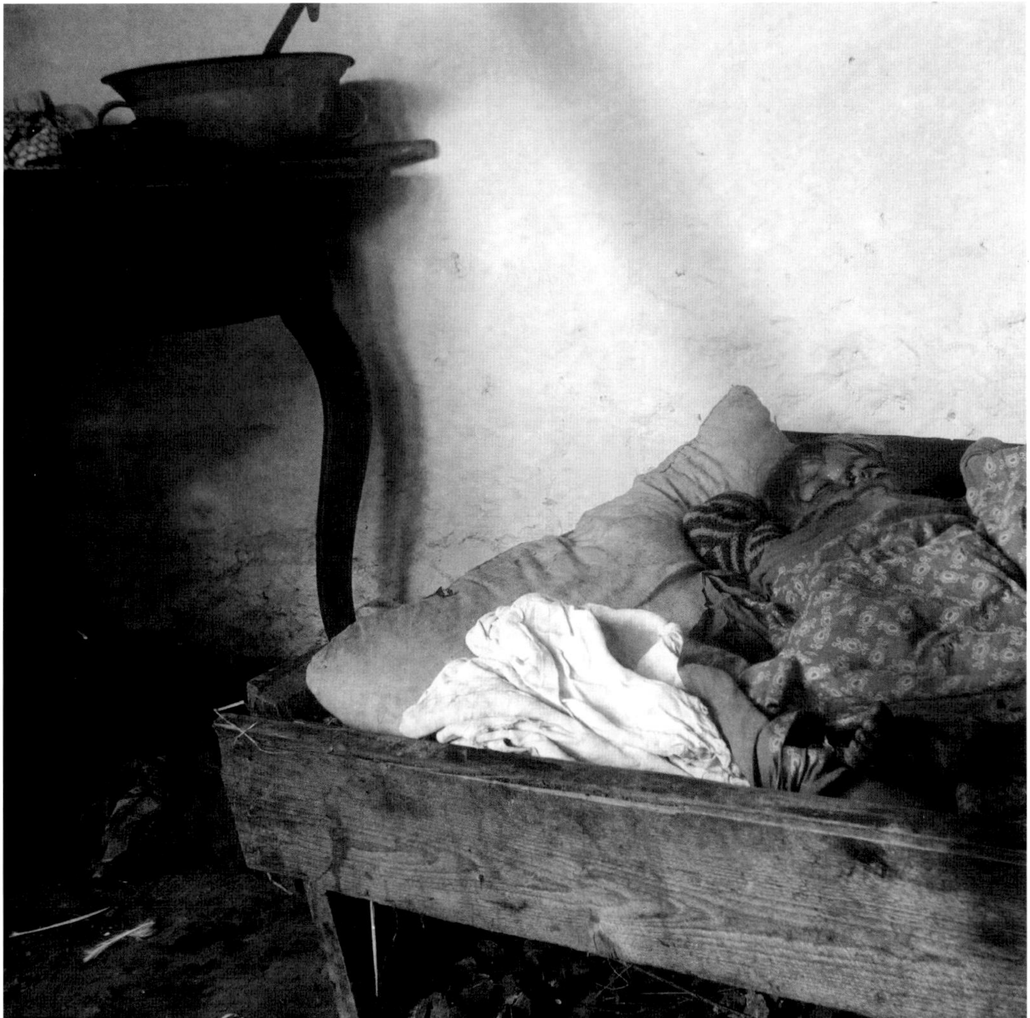

50 **Eastern Slovakia / Východní Slovensko** 1975

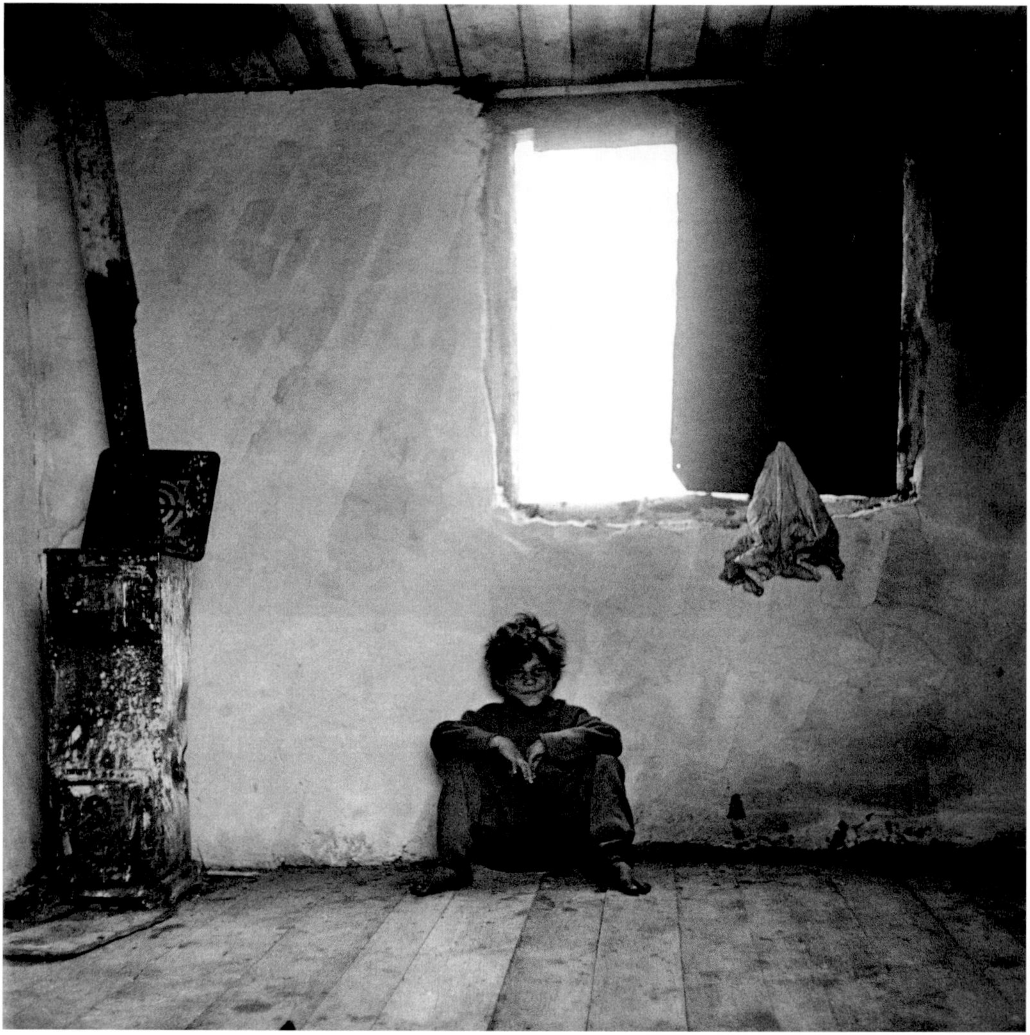

51 **Betlanovce, Slovakia / Slovensko** 1972

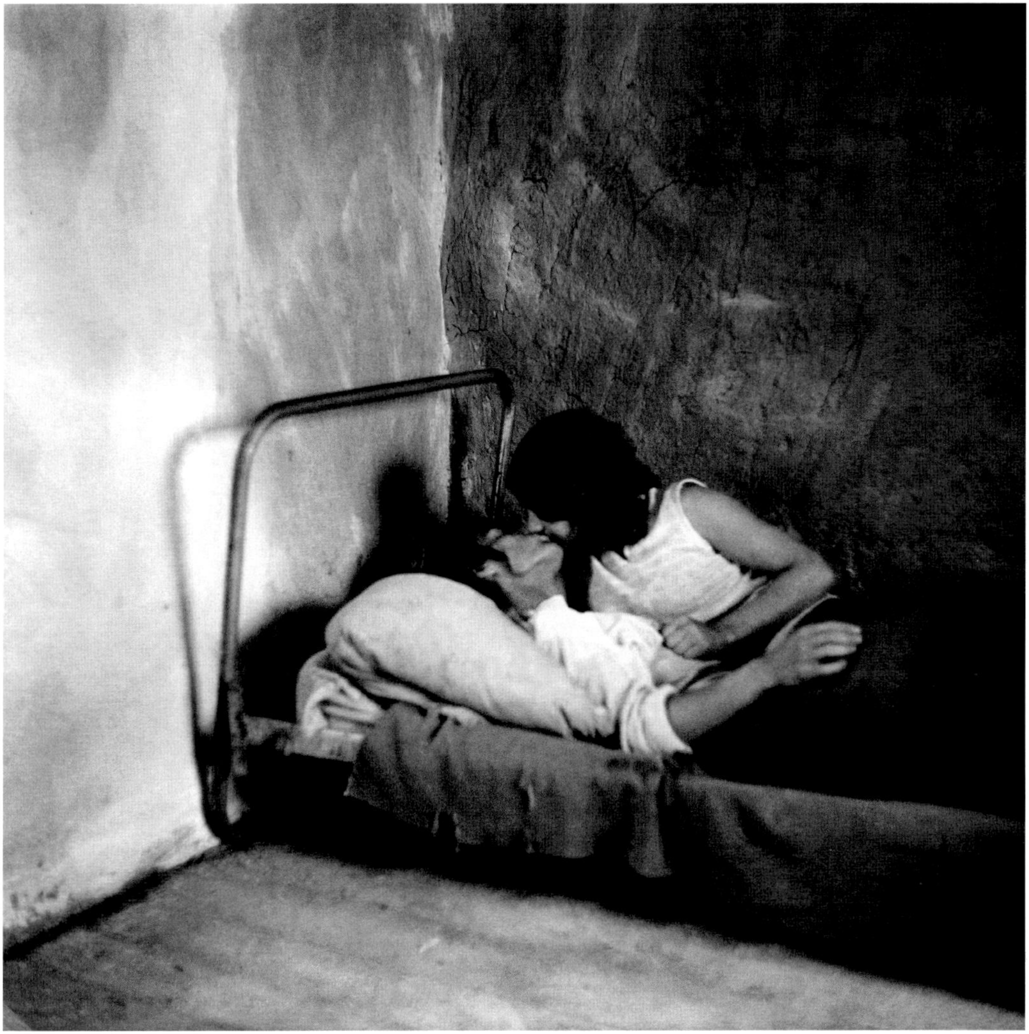

52 **Betlanovce, Slovakia / Slovensko** 1972

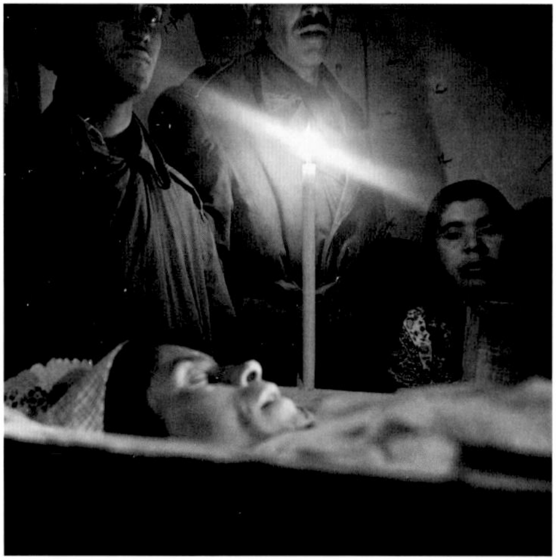

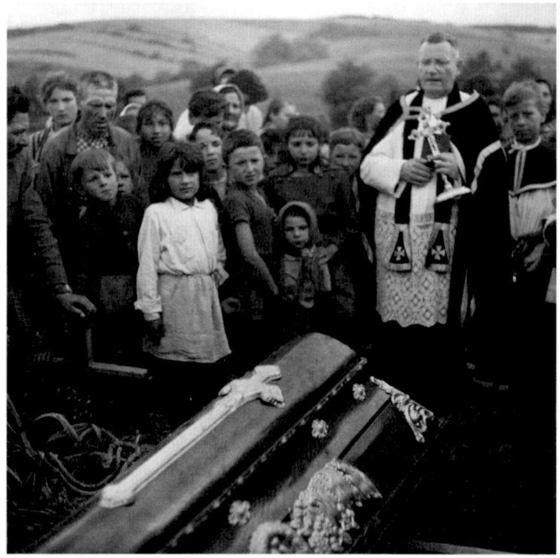

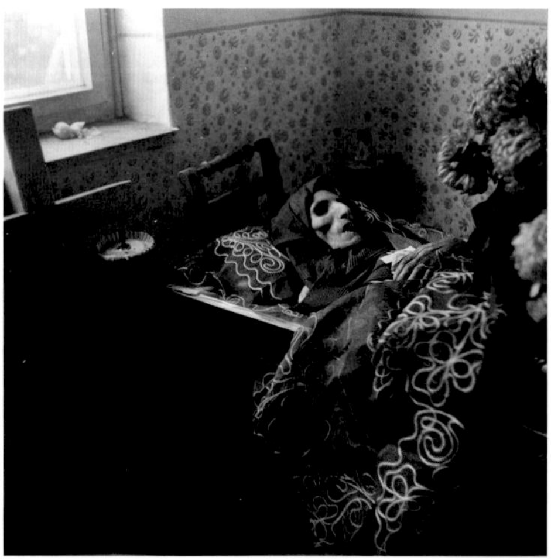

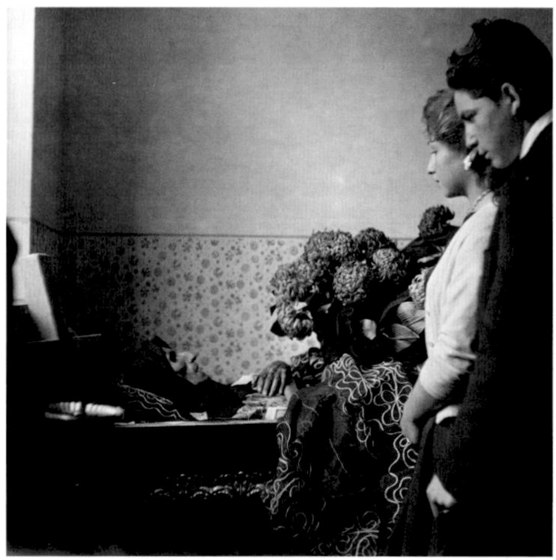

53 **Trebišov, Slovakia / Slovensko** 1957

54 **Kendice, Slovakia / Slovensko** 1961

55 **Kendice, Slovakia / Slovensko** 1961

56 **Kendice, Slovakia / Slovensko** 1961

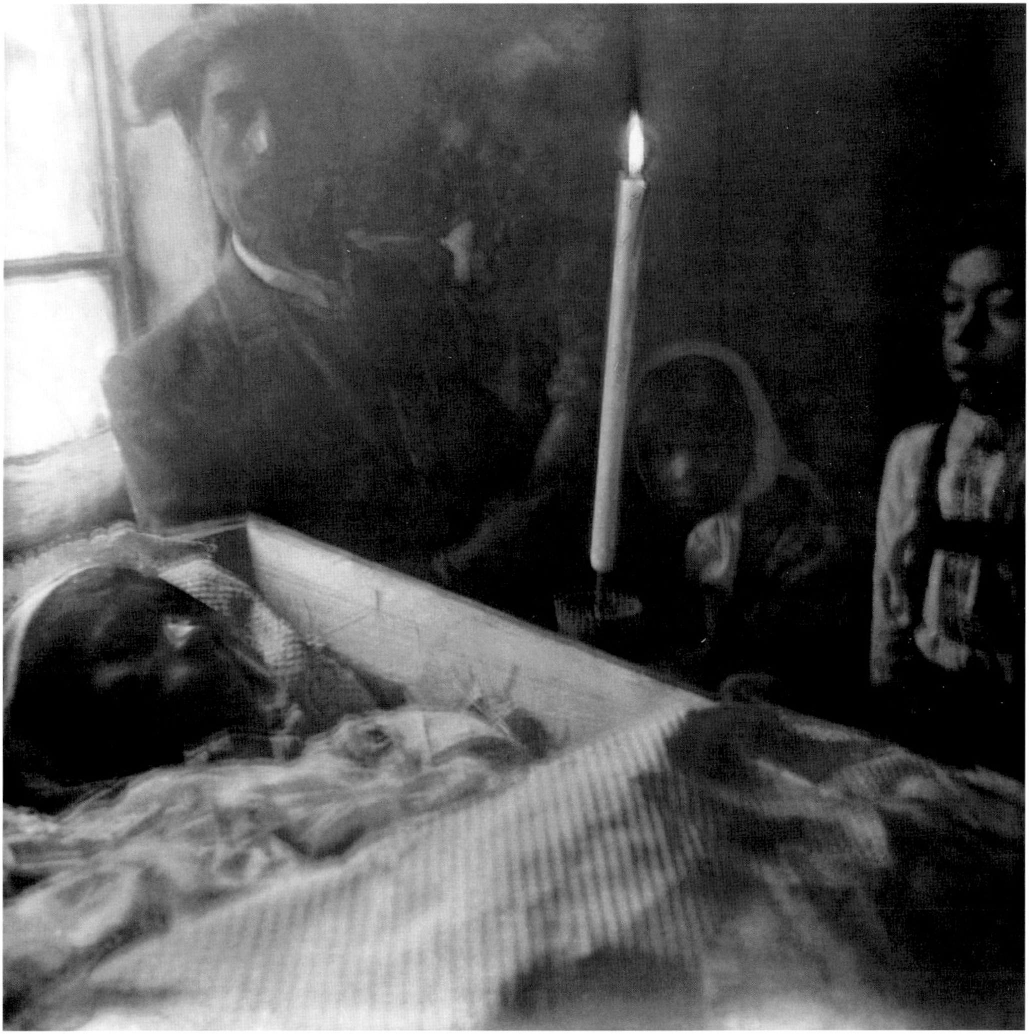

57 **Trebišov, Slovakia / Slovensko** 1957

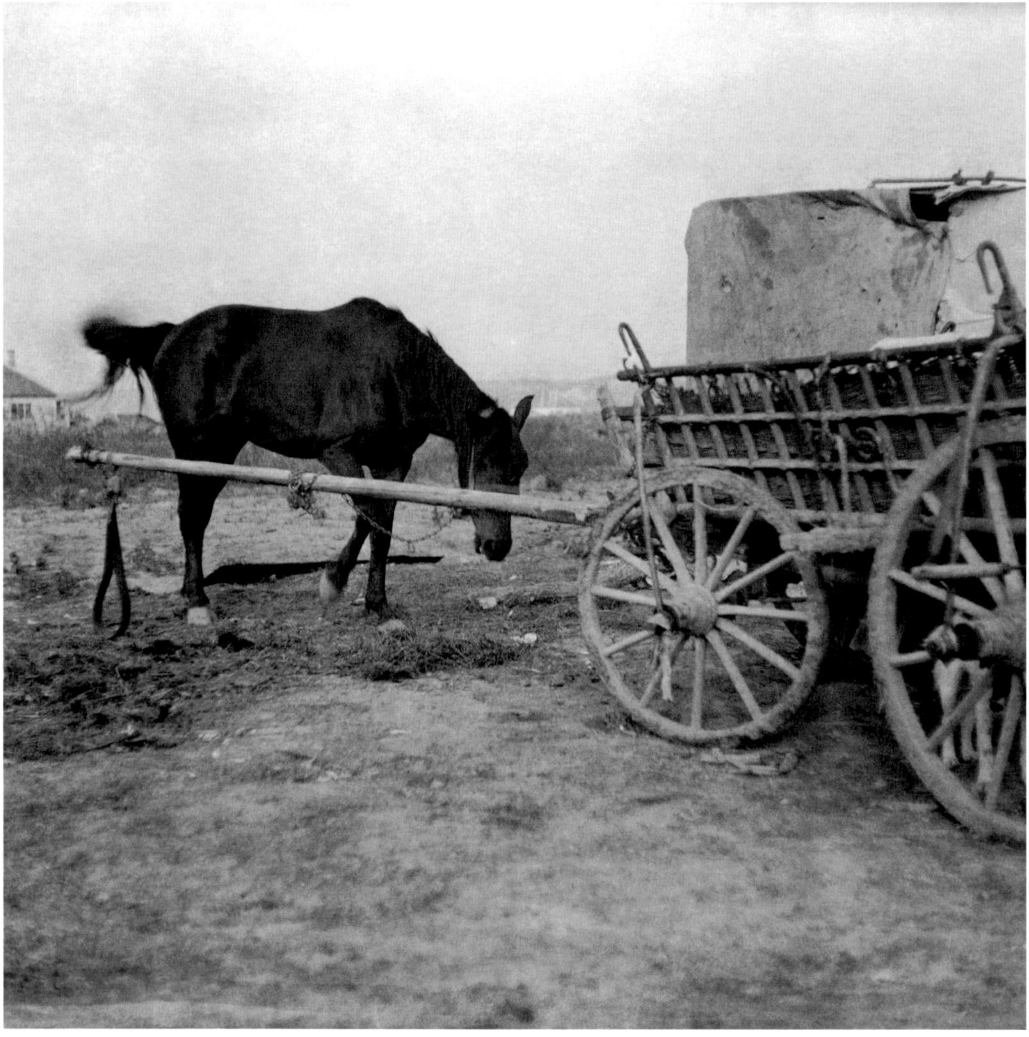

58 **Madunice, Slovakia / Slovensko** 1958

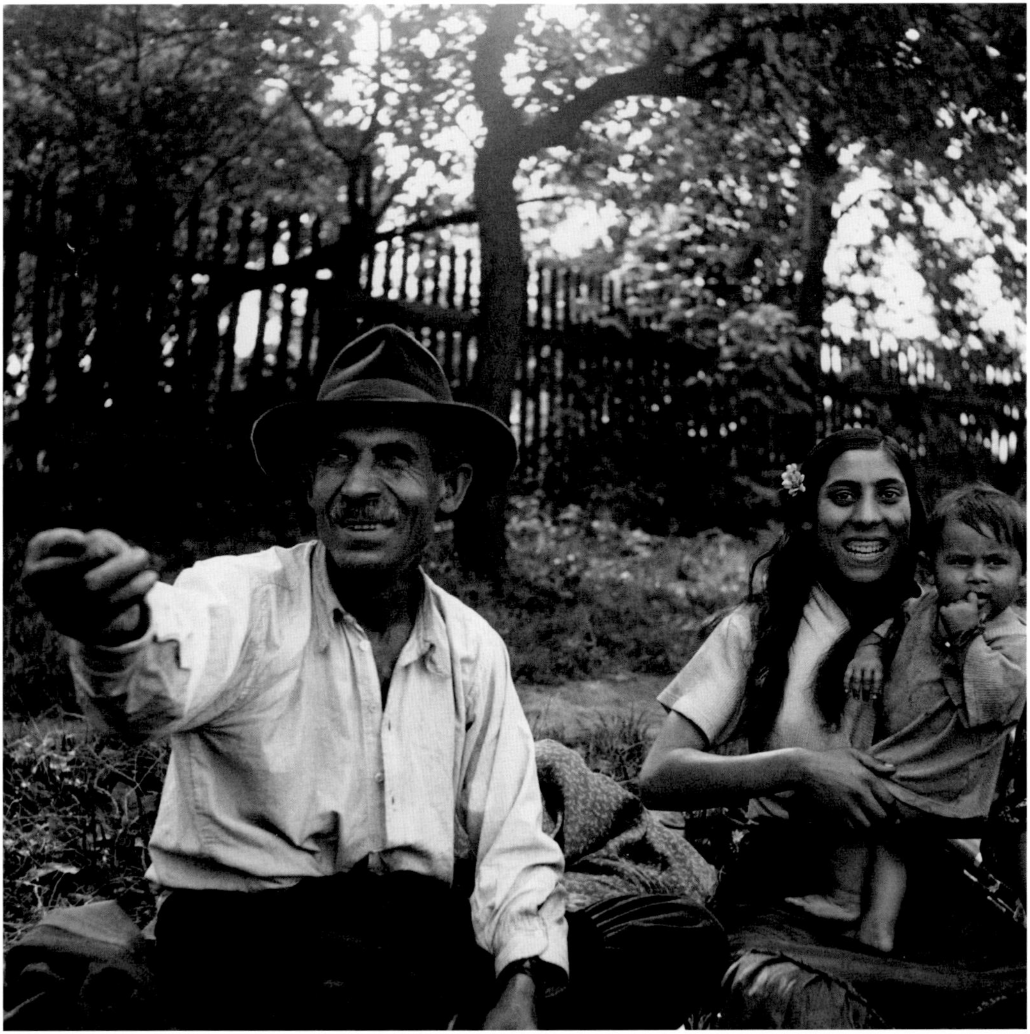

59 **Karviná** 1965

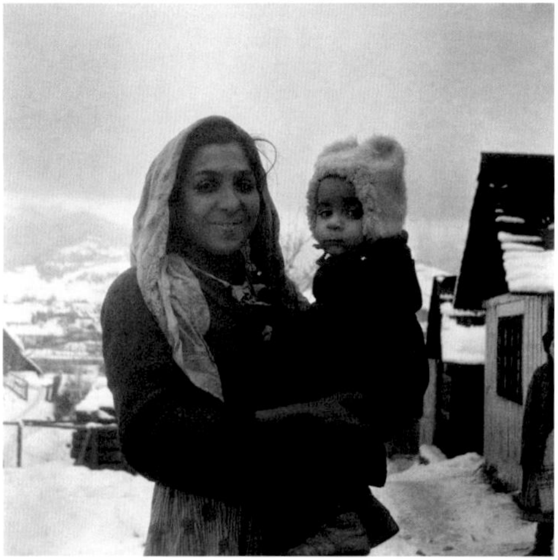

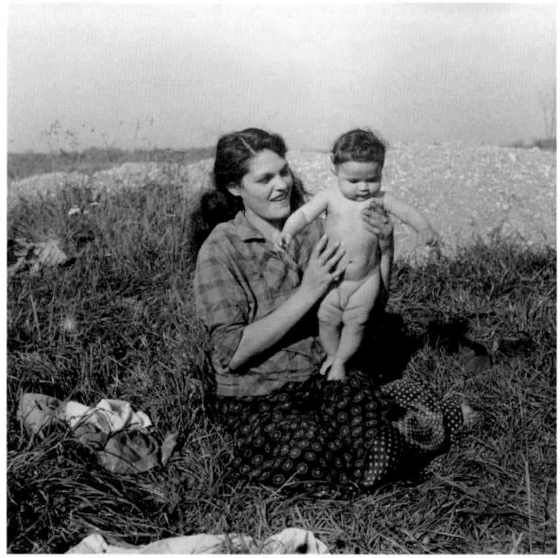

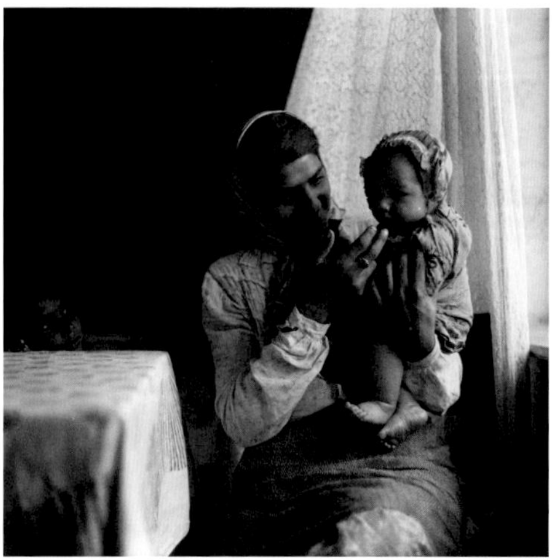

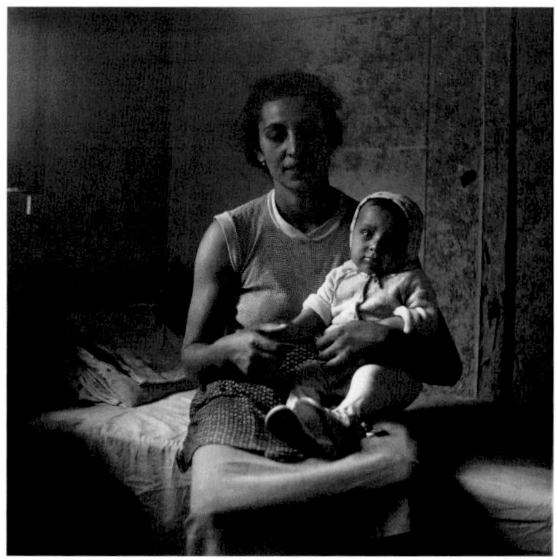

60 **Polomka, Slovakia / Slovensko** 1956

61 **Ostrava** 1970

62 **Spiš, Slovakia / Slovensko** 1972

63 **Gemer, Slovakia / Slovensko** 1992

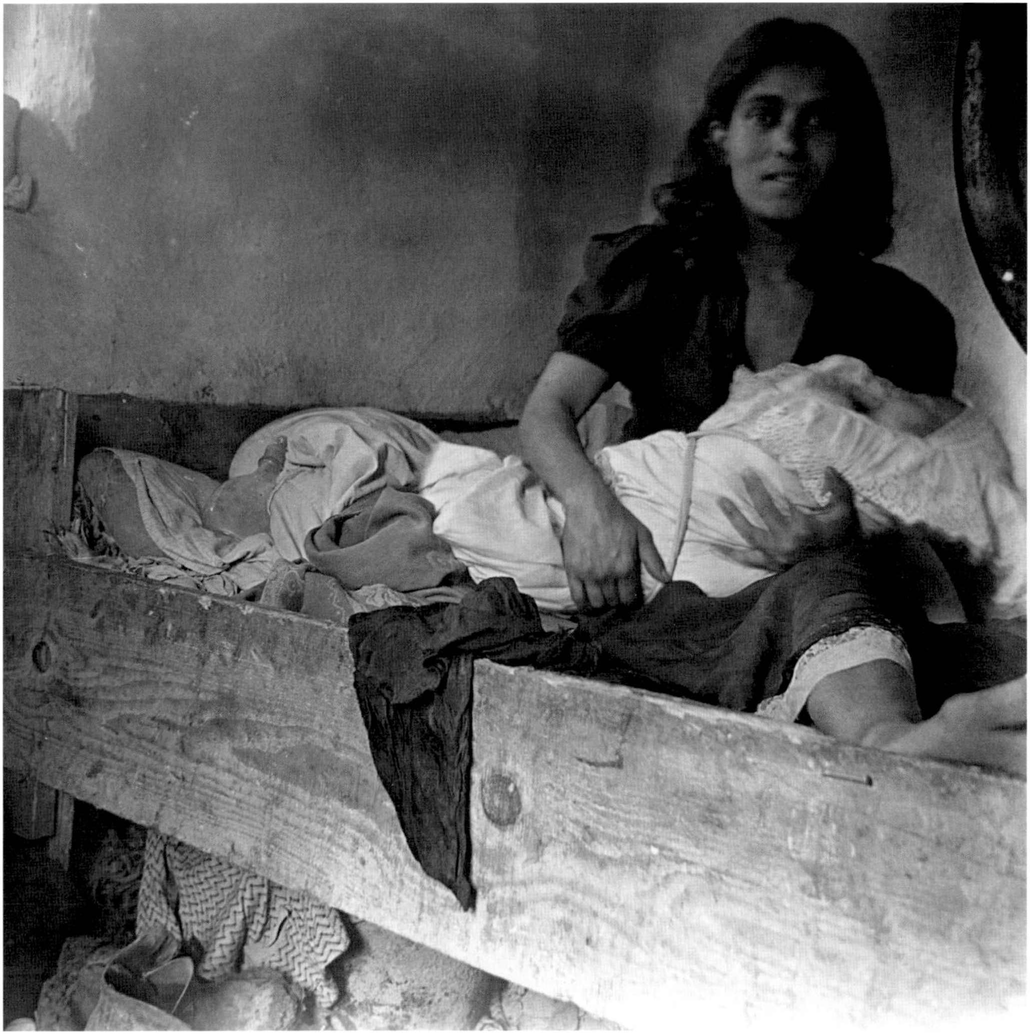

64 **Hucín, Slovakia / Slovensko** 1958

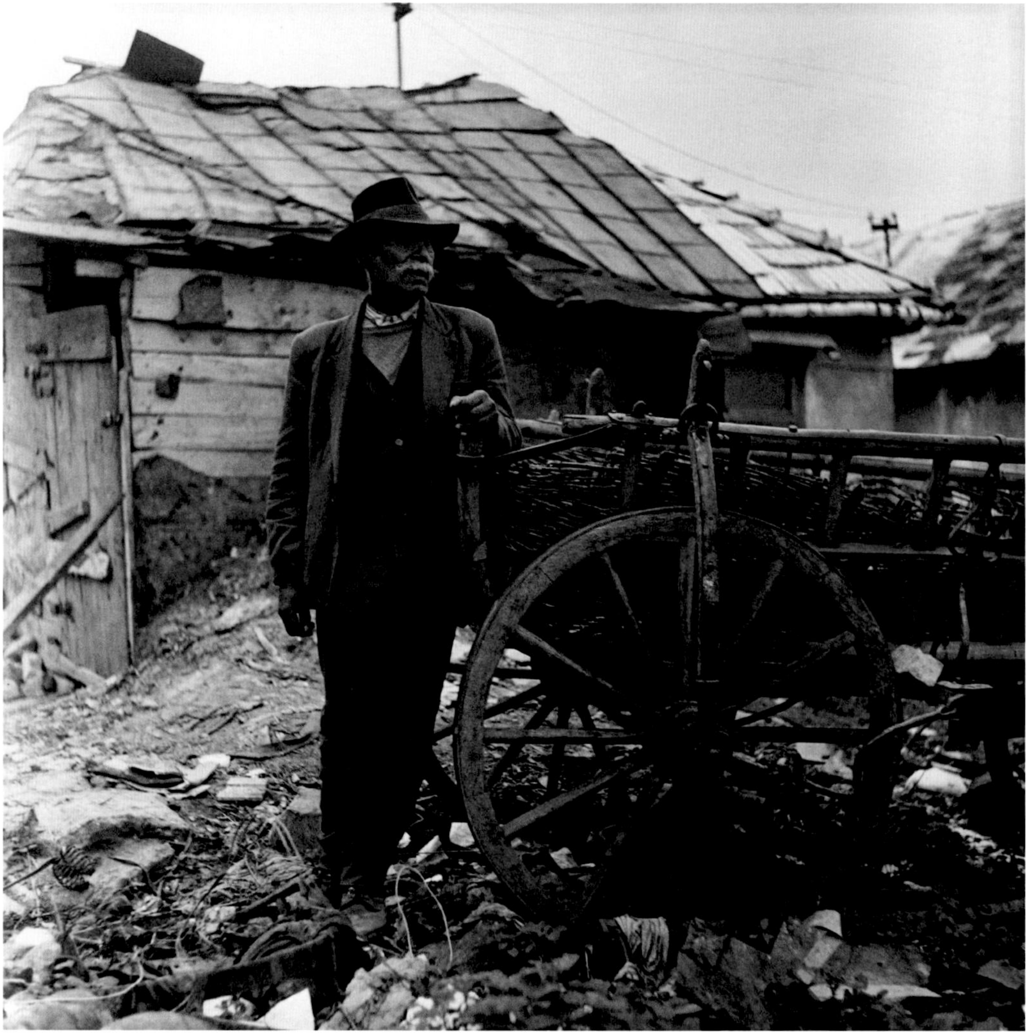

65 **Eastern Slovakia / Východní Slovensko** 1961

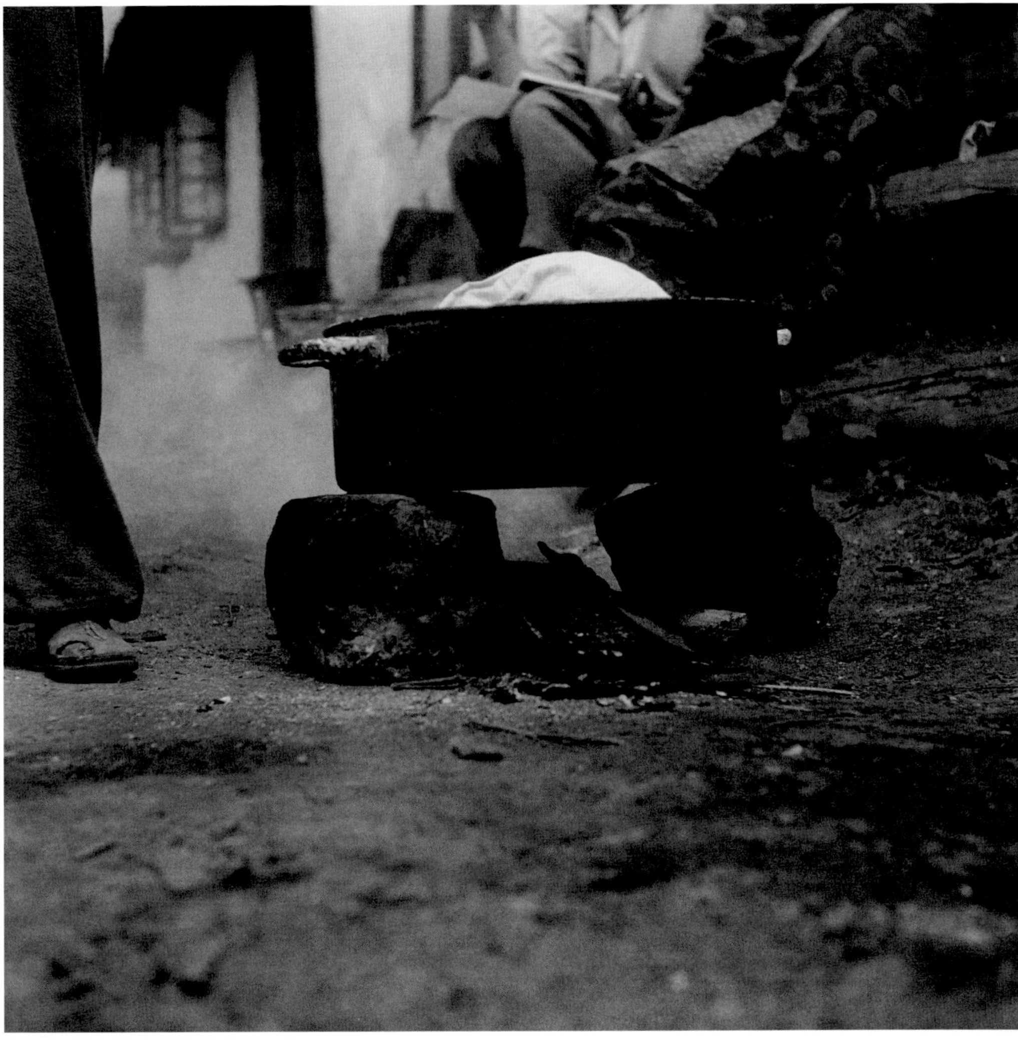

66 **Michalovce, Slovakia / Slovensko** 1961

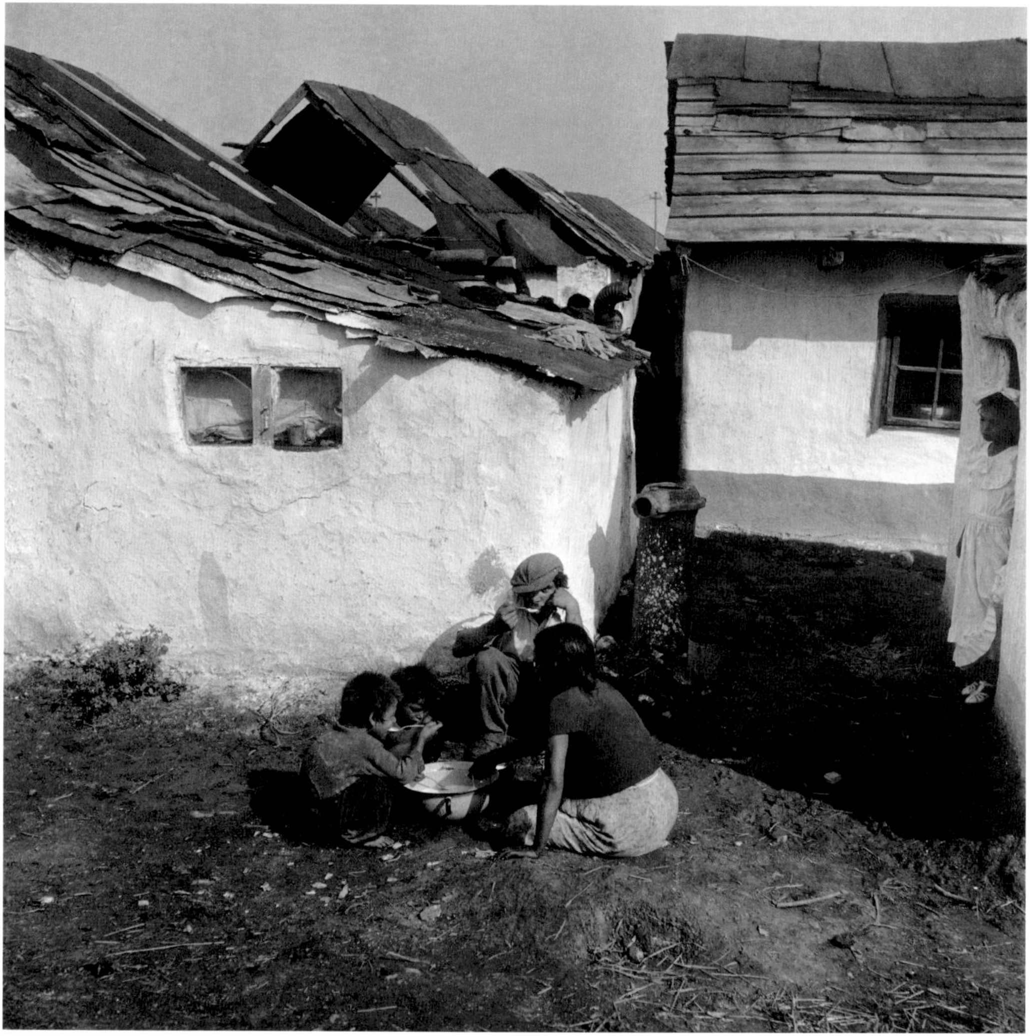

67 **Sečovce, Slovakia / Slovensko** 1961

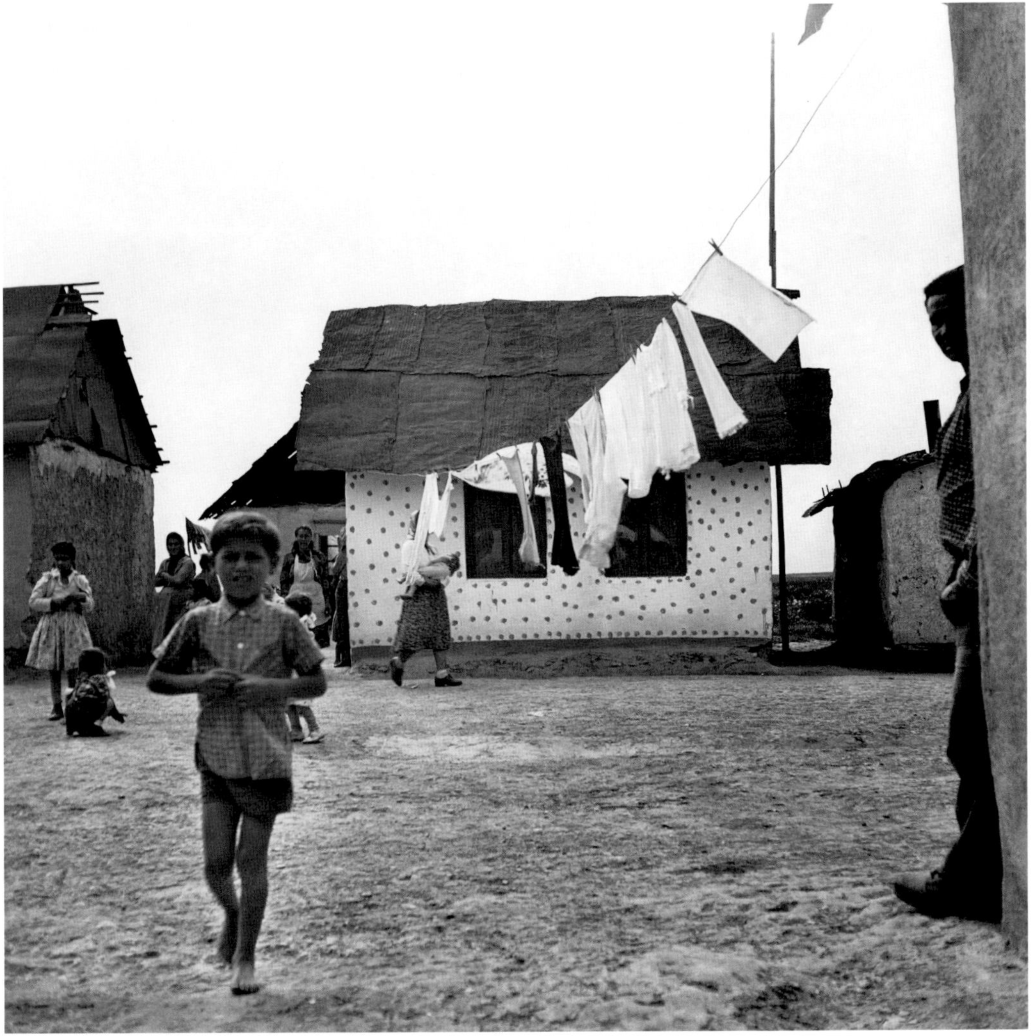

68 **Trebišov, Slovakia / Slovensko** 1957

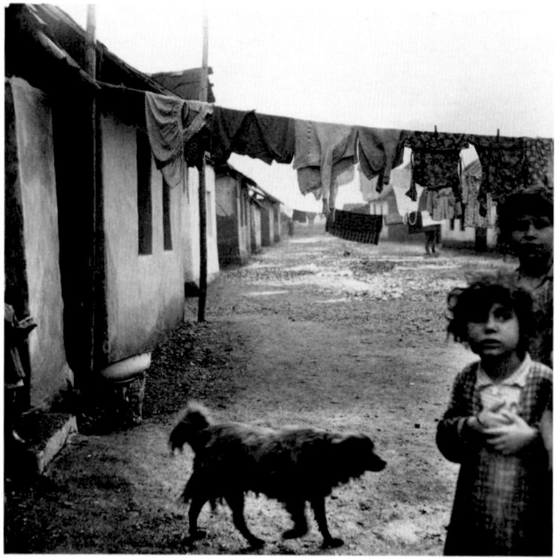

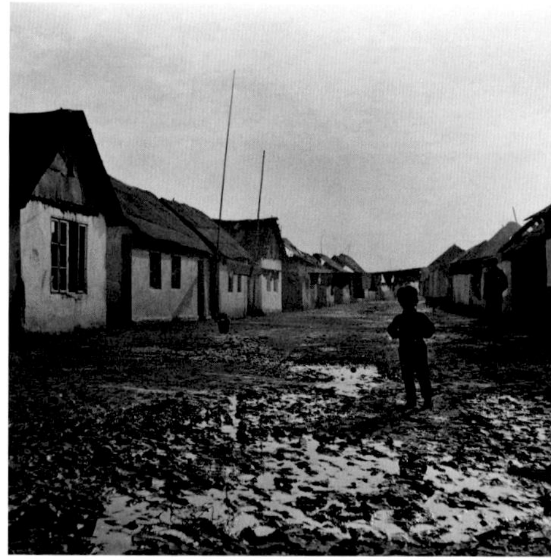

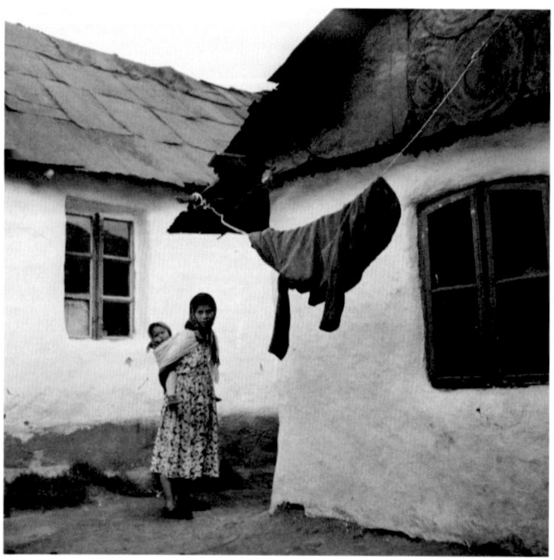

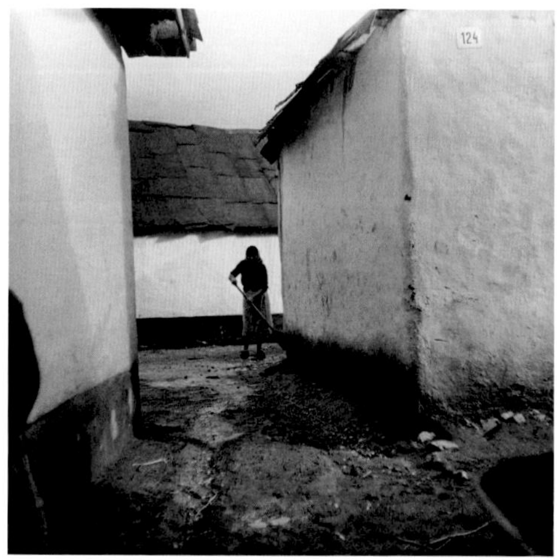

69 **Moldava nad Bodvou, Slovakia** 1961

70 **Moldava nad Bodvou, Slovakia** 1961

71 **Michalovce, Slovakia / Slovensko** 1962

72 **Sečovce, Slovakia / Slovensko** 1961

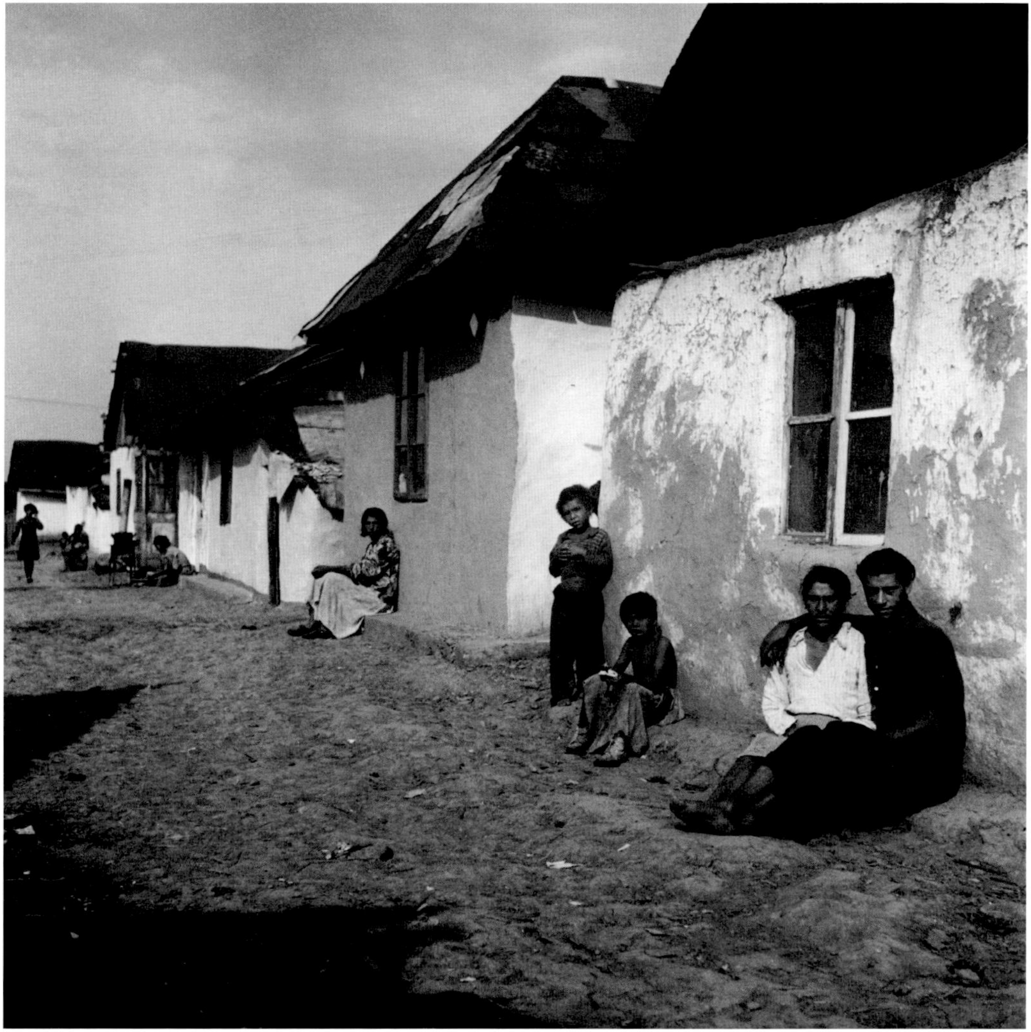

73 **Trebišov, Slovakia / Slovensko** 1958

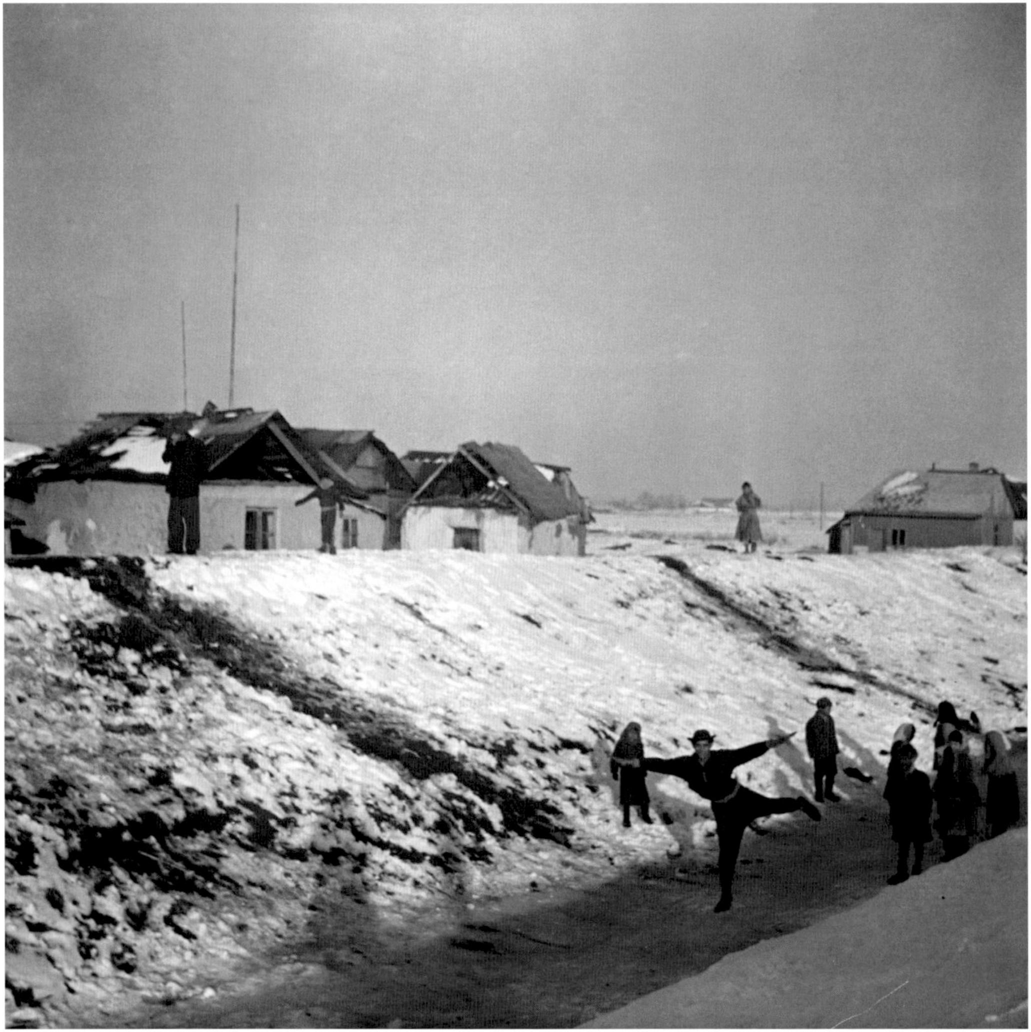

74 **Trebišov, Slovakia / Slovensko** 1955

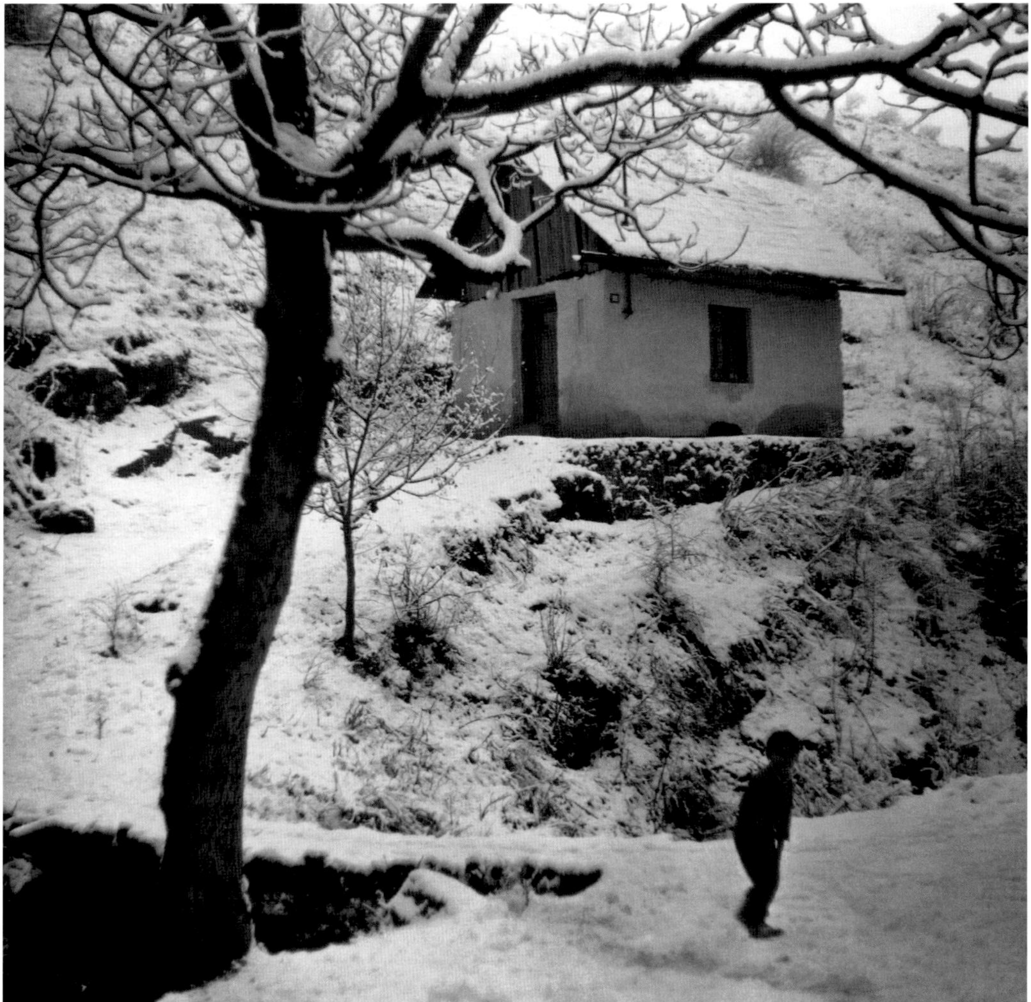

75 **Košice, Slovakia / Slovensko** 1961

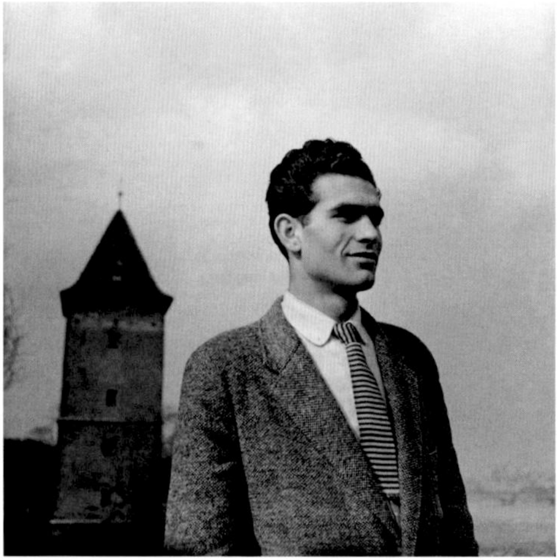

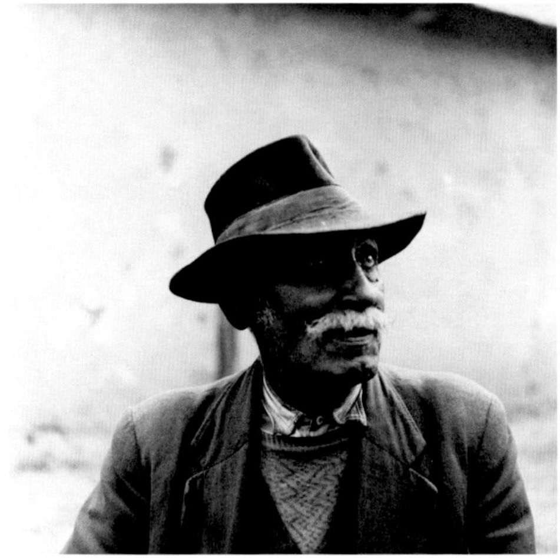

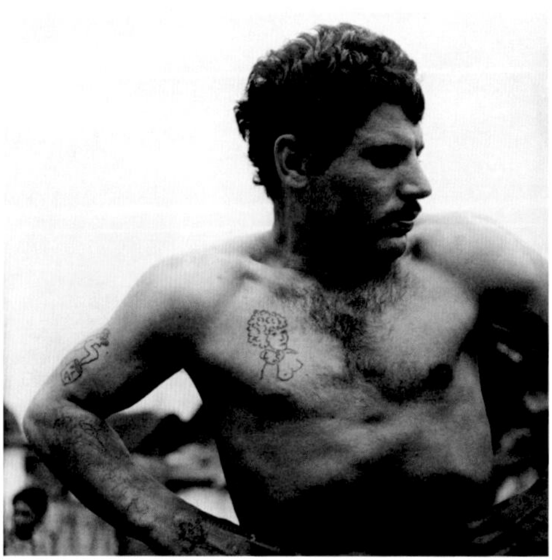

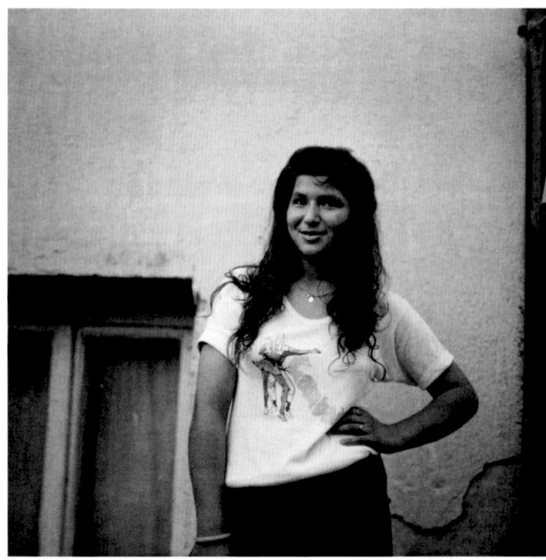

76 **Praha-Smíchov** 1960

77 **Gemer, Slovakia / Slovensko** 1962

78 **Sečovce, Slovakia / Slovensko** 1961

79 **Kendice u Prešova, Slovakia** 1992

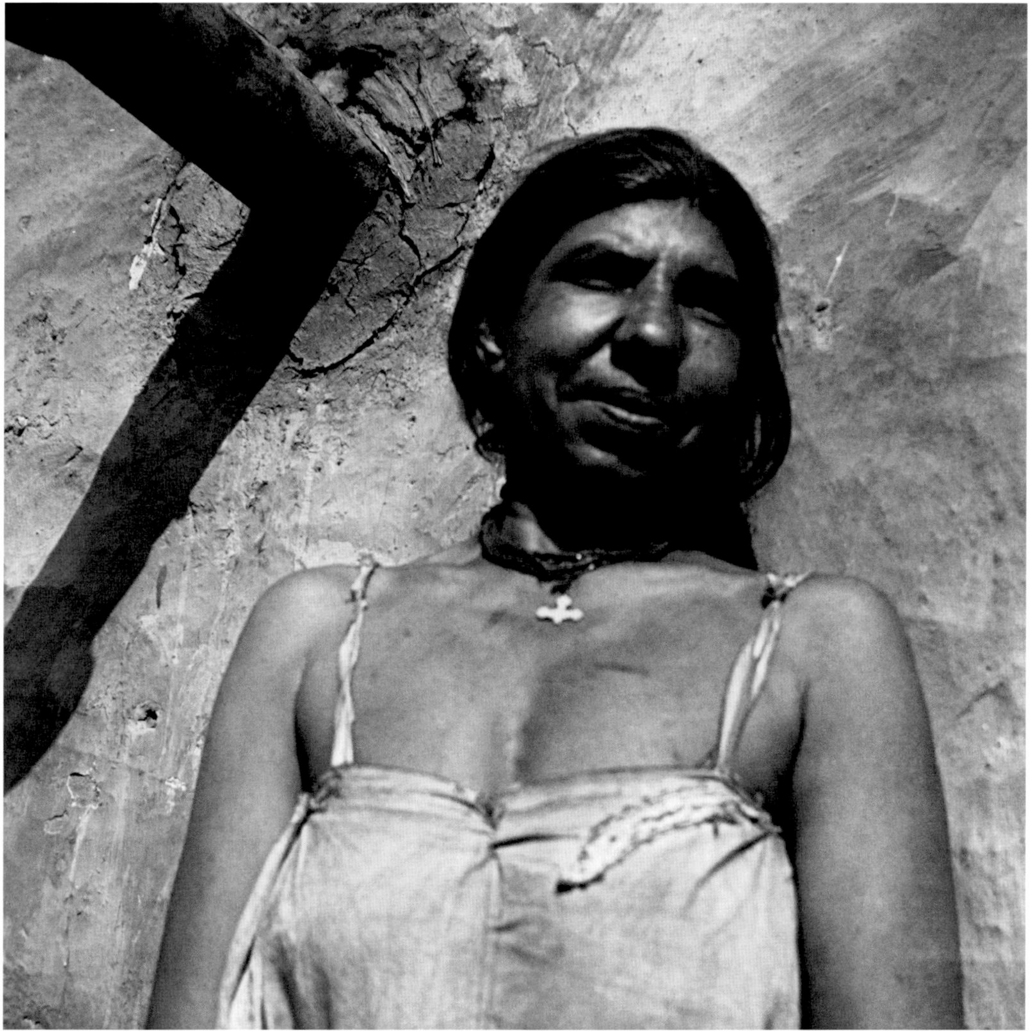

80 **Trebišov, Slovakia / Slovensko** 1956

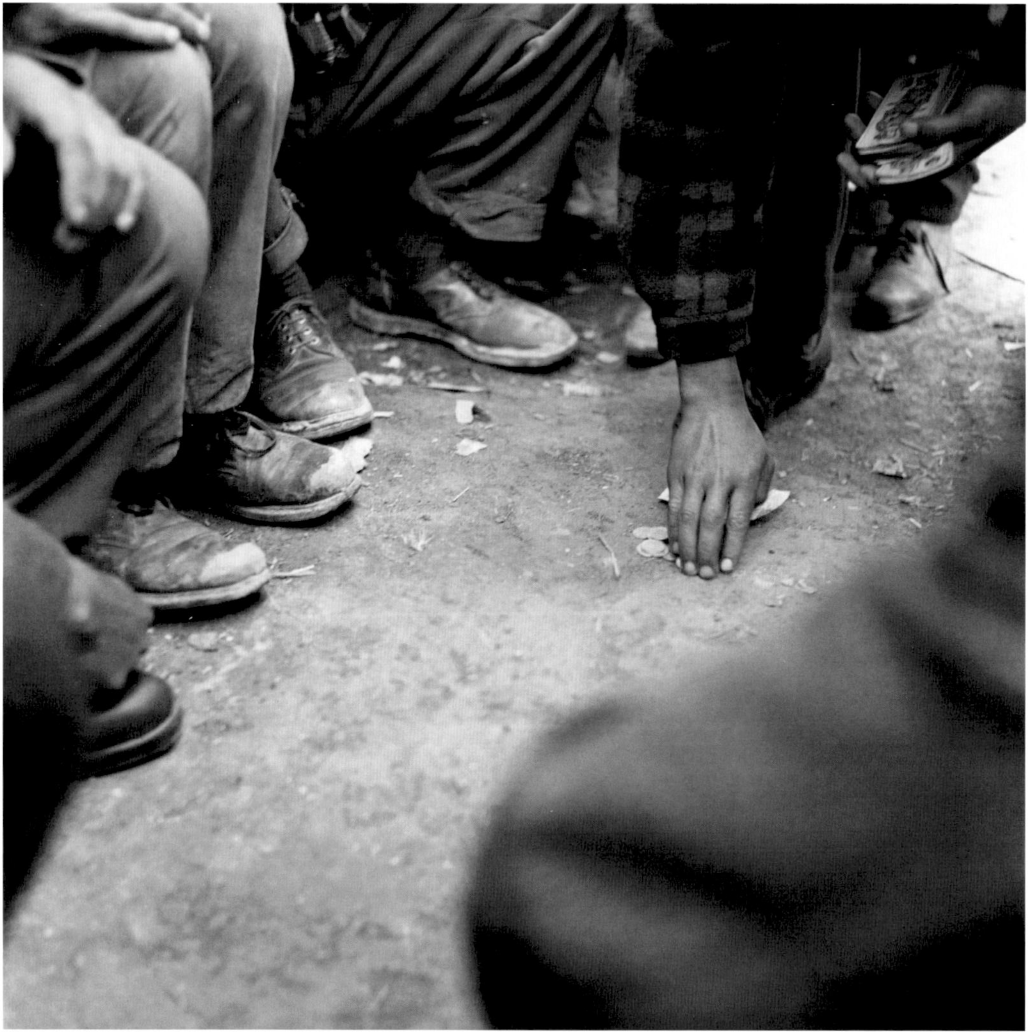

81 **Trebišov, Slovakia / Slovensko** 1956

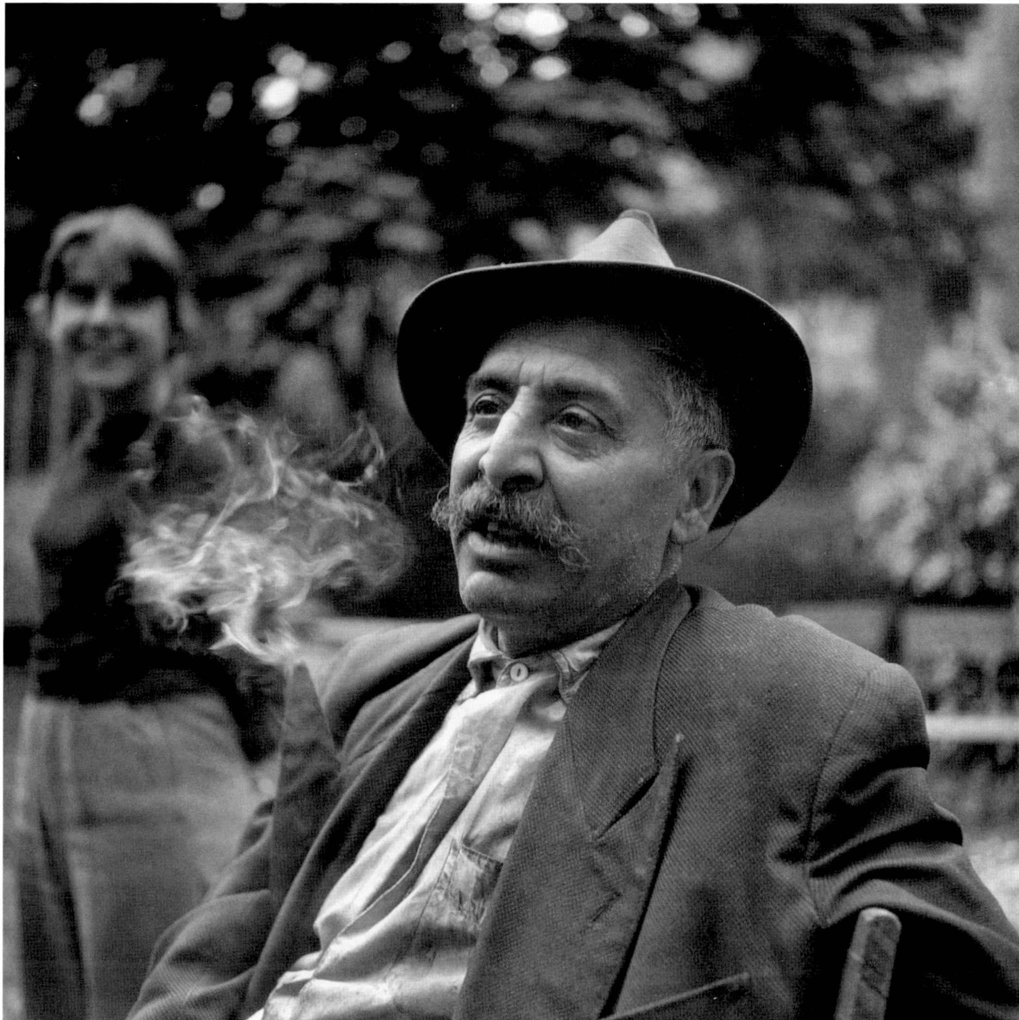

82 **Praha** 1960

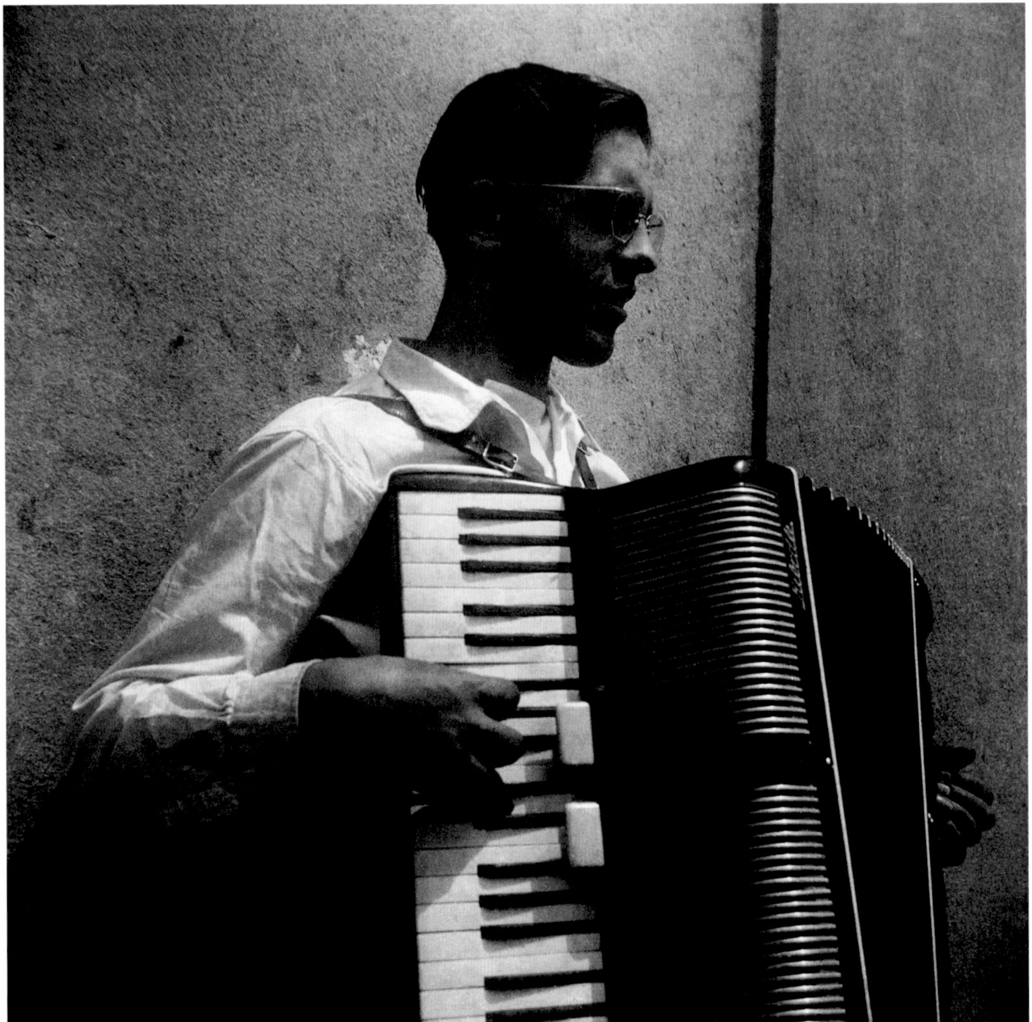

83 **Žilina, Slovakia / Slovensko** 1960

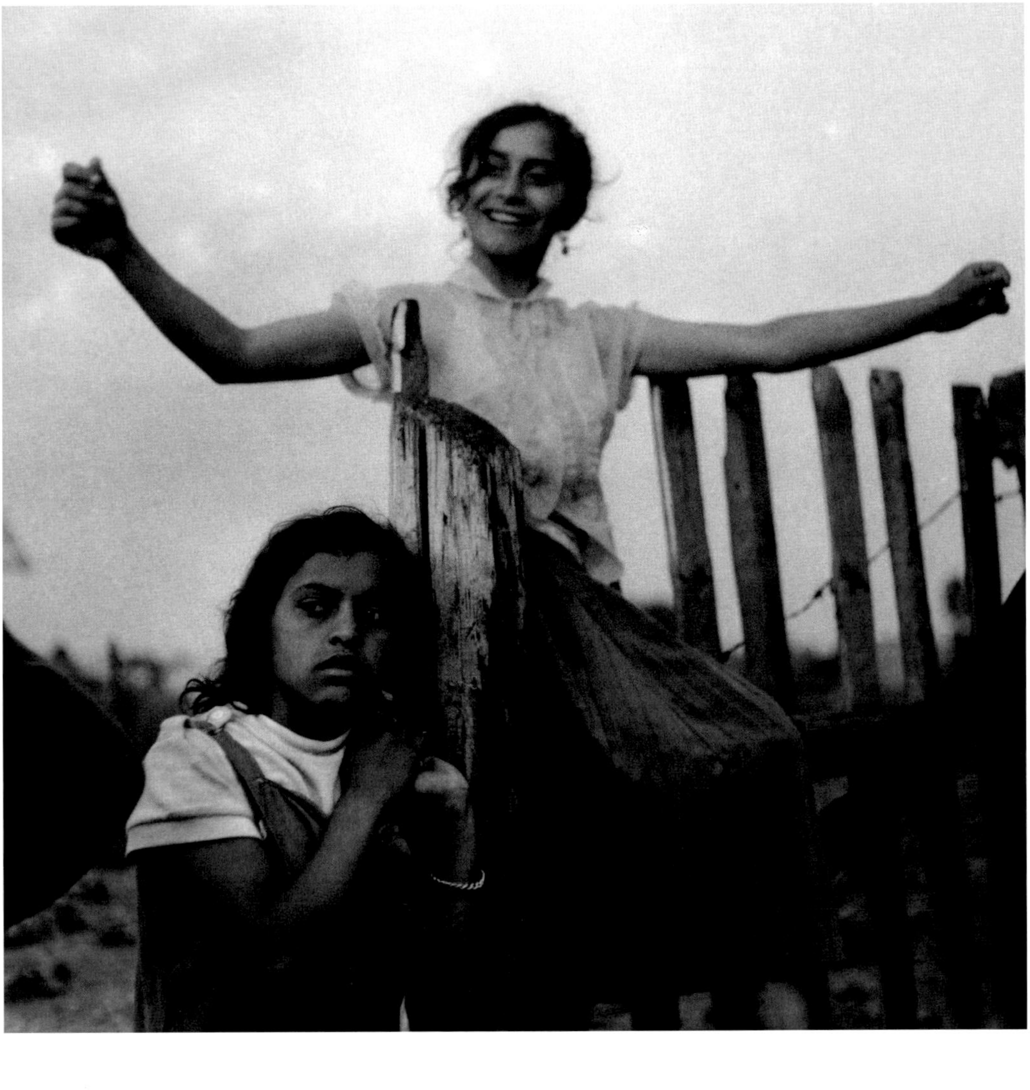

84 **Betlanovce, Slovakia / Slovensko** 1972

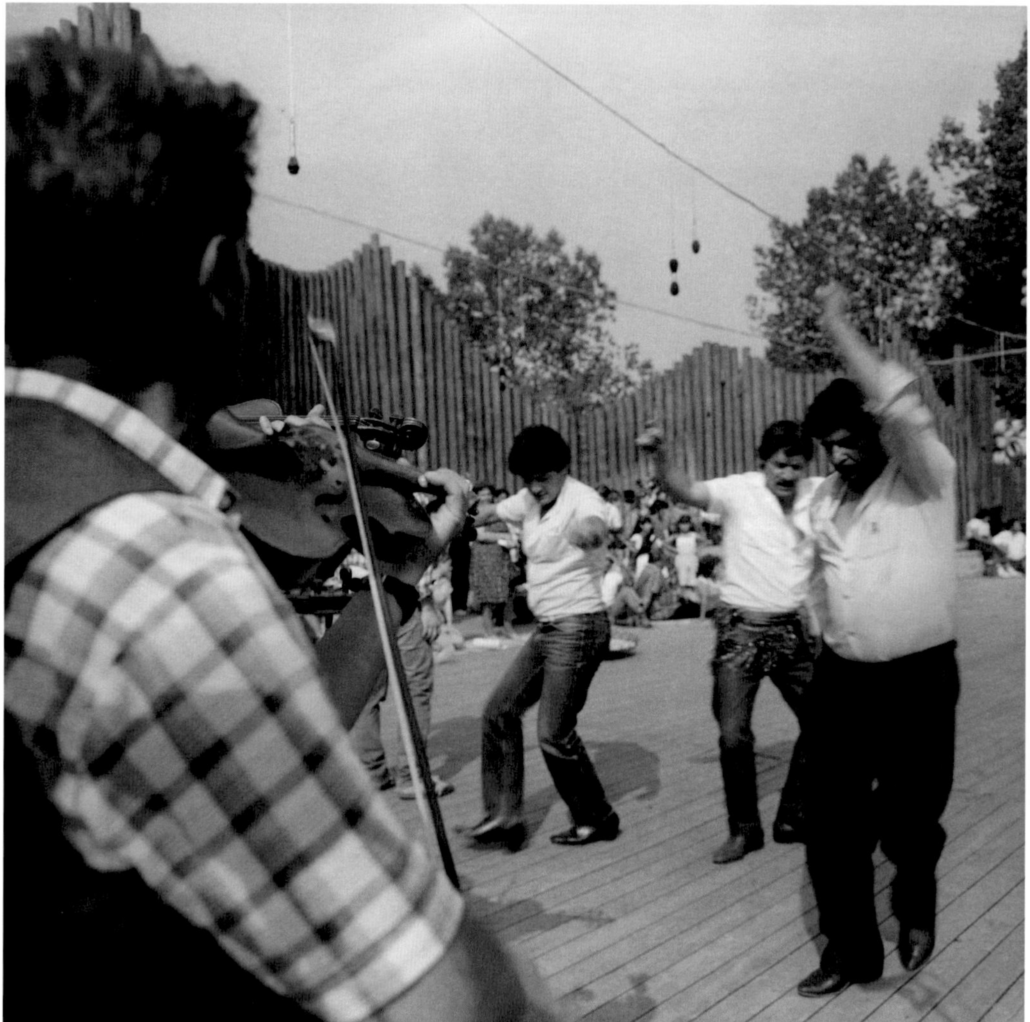

85 **Východná, Slovakia / Slovensko** 1986

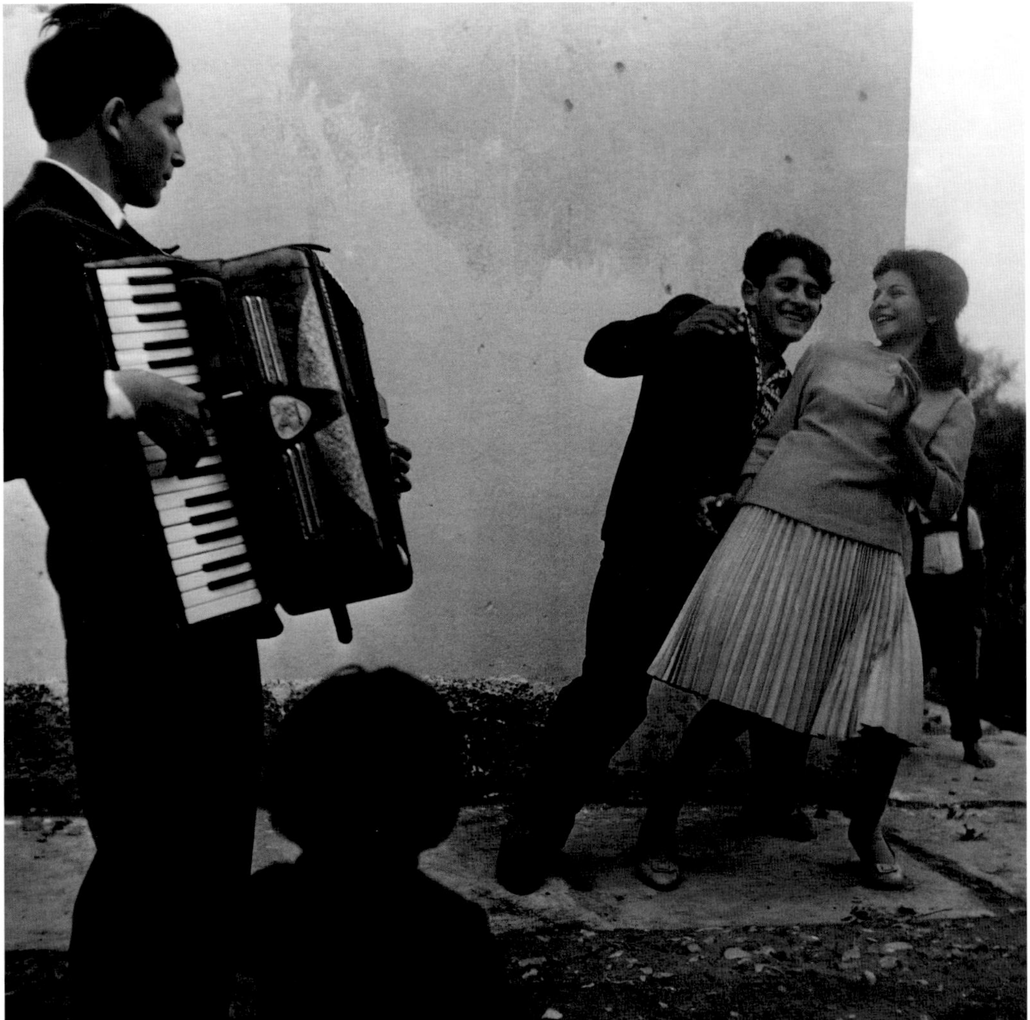

86 **Kendice, Slovakia / Slovensko** 1962

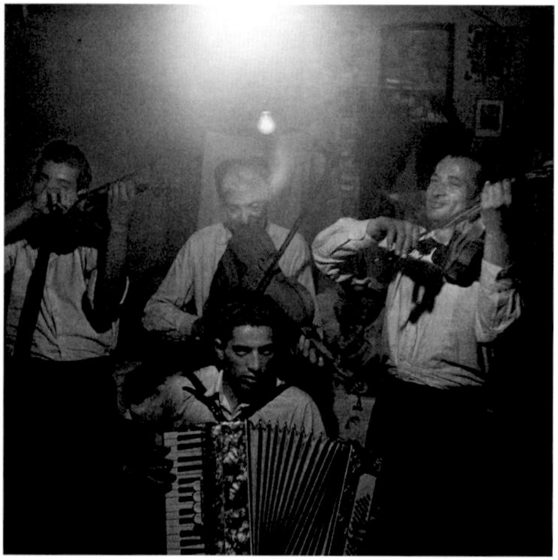

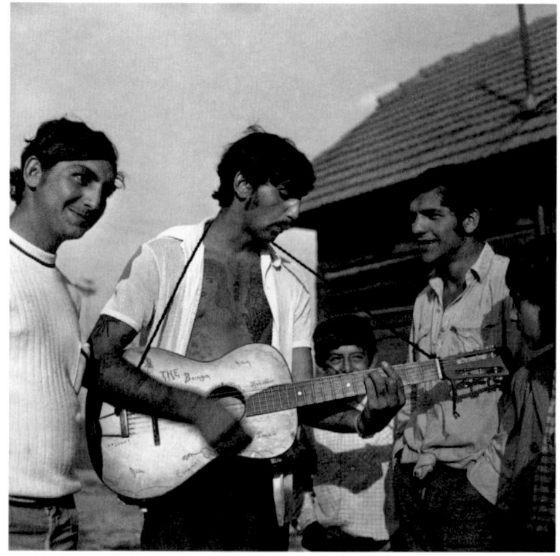

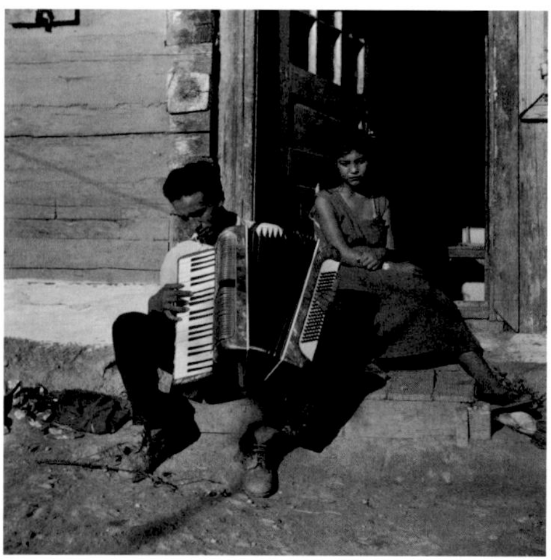

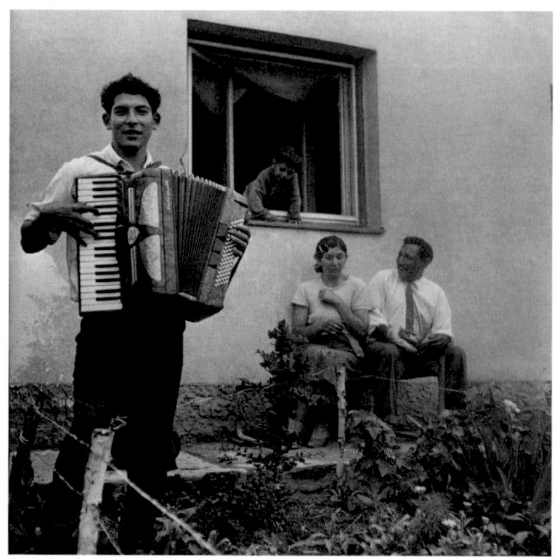

87 **Petrovany, Slovakia / Slovensko** 1961

88 **Hrabušice, Slovakia / Slovensko** 1968

89 **Polomka, Slovakia / Slovensko** 1955

90 **Kendice, Slovakia / Slovensko** 1962

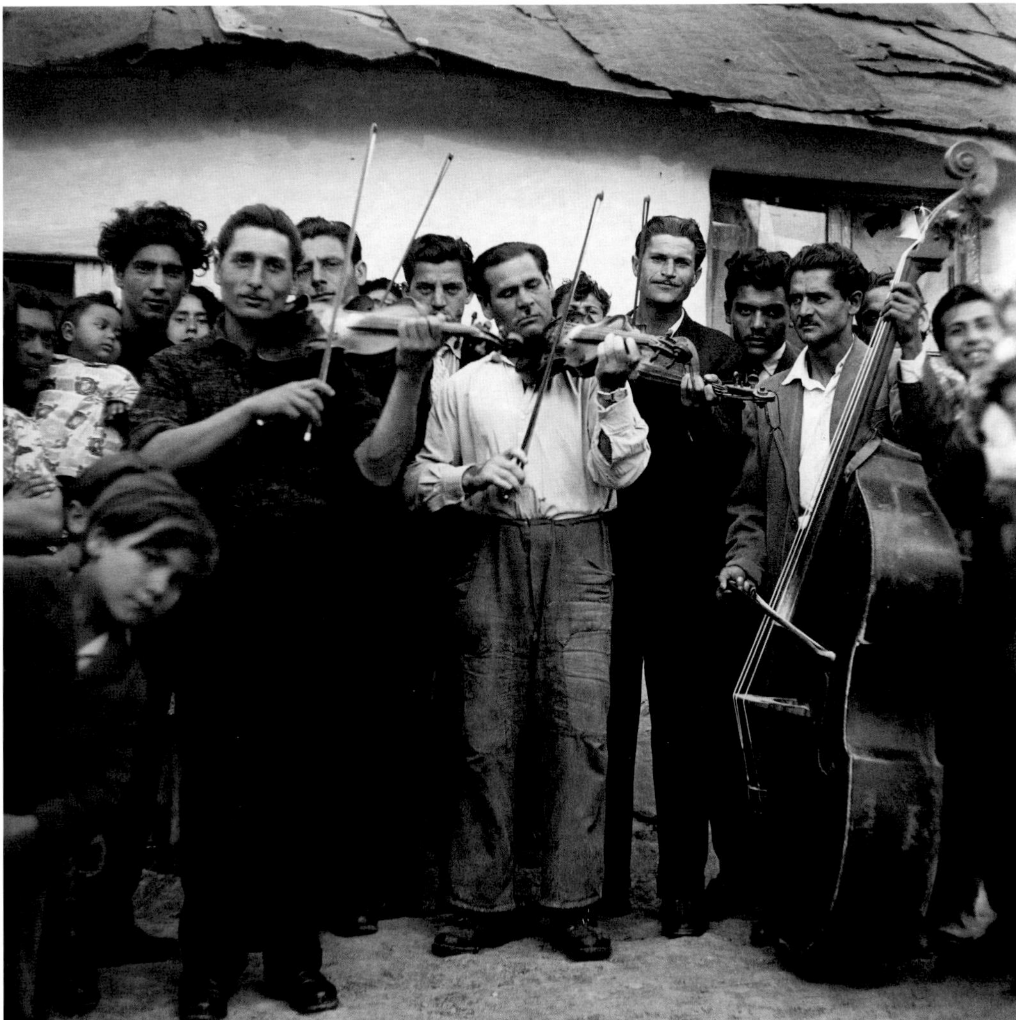

91 **Trebišov, Slovakia / Slovensko** 1957

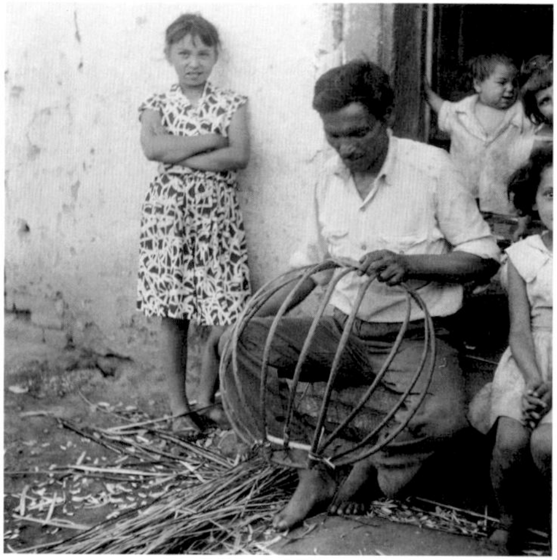

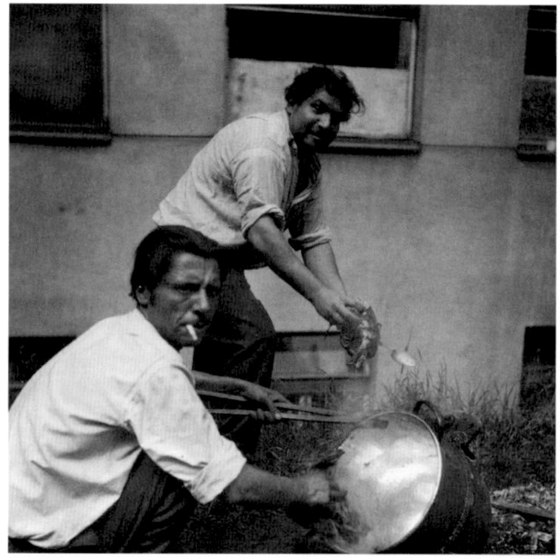

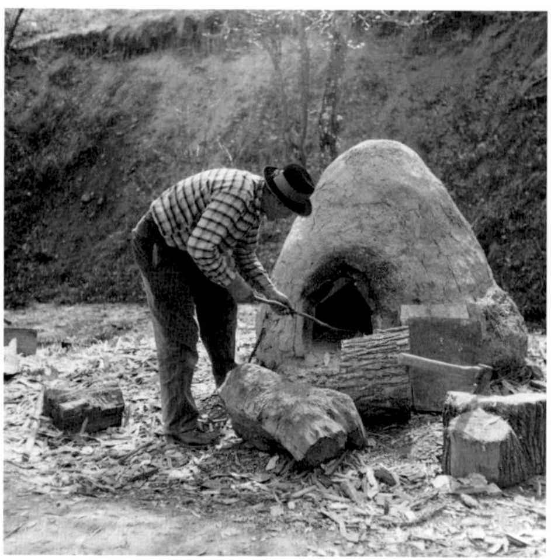

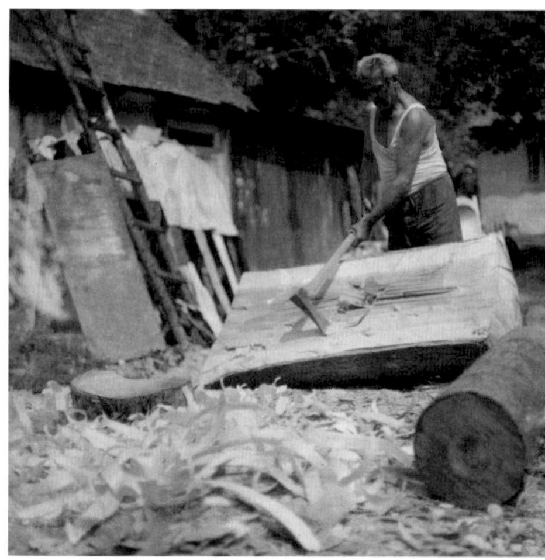

92 **Sečovce, Slovakia / Slovensko** 1962

94 **Podčičva, Slovakia / Slovensko** 1962

93 **Praha** 1975

95 **Podčičva, Slovakia / Slovensko** 1991

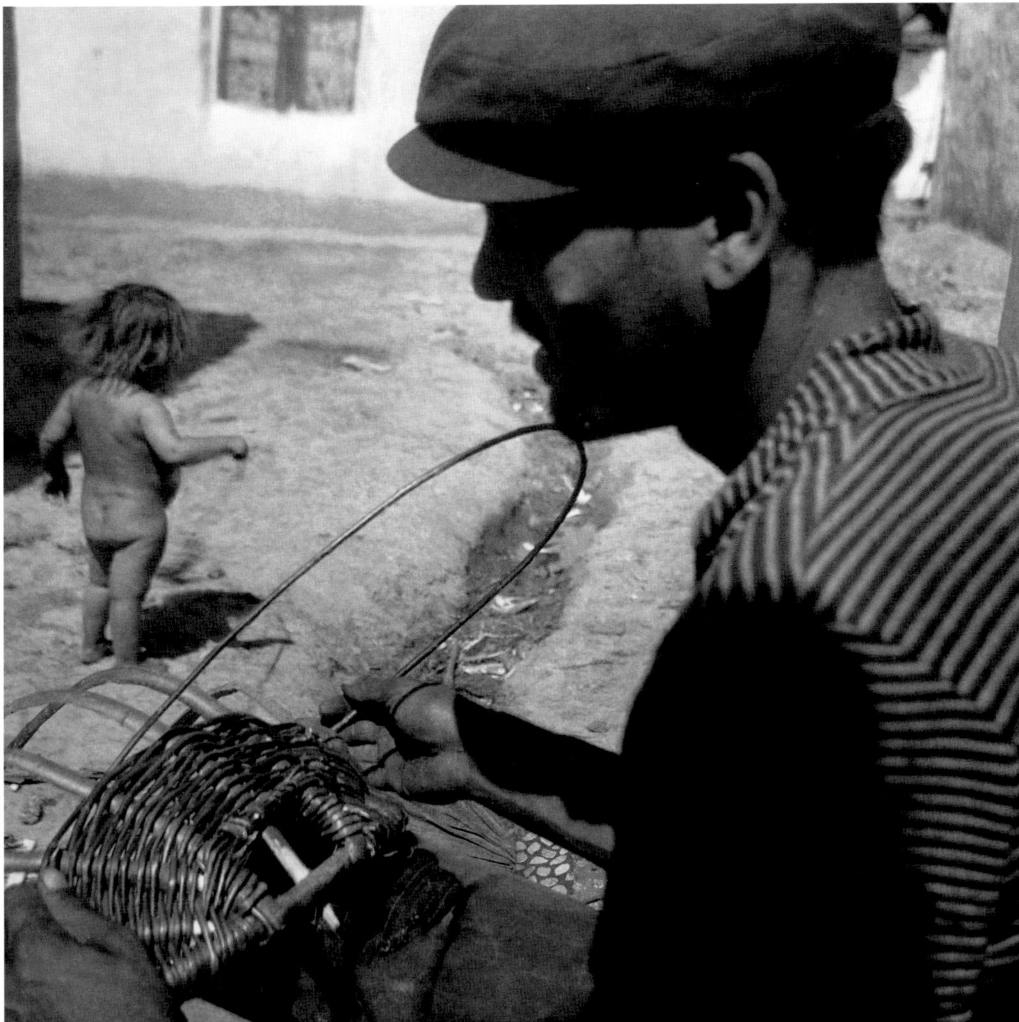

96 **Trebišov, Slovakia / Slovensko** 1958

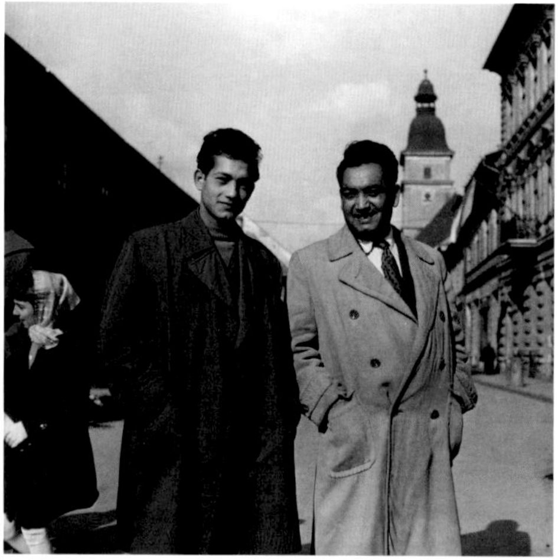

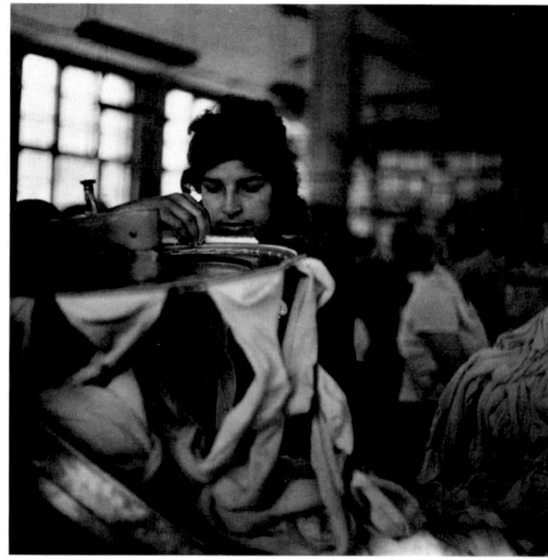

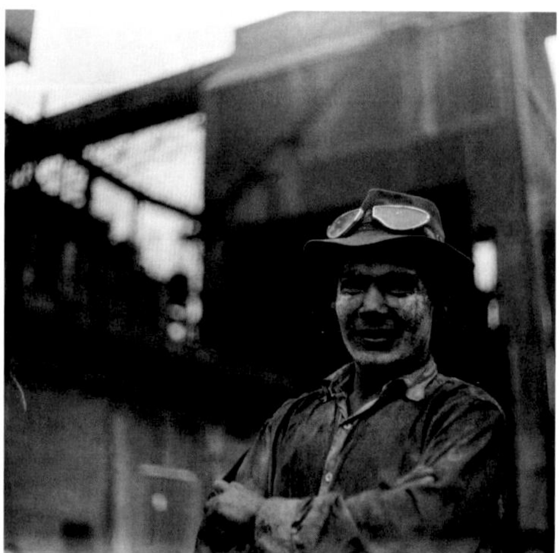

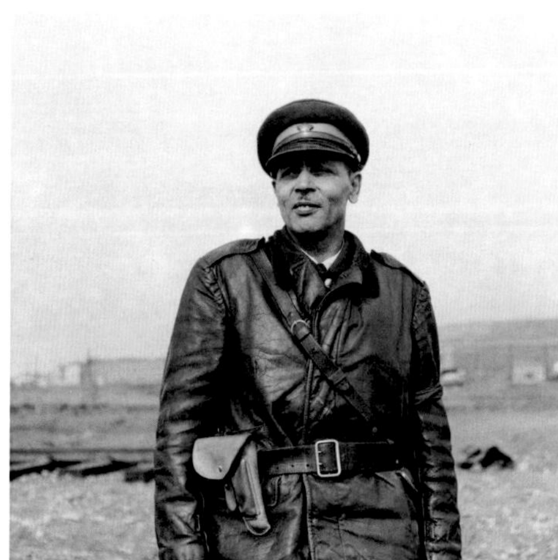

97 **Košice, Slovakia / Slovensko** 1961

99 **Ostrava** 1971

98 **Prešov, Slovakia / Slovensko** 1962

100 **Košice, Slovakia / Slovensko** 1961

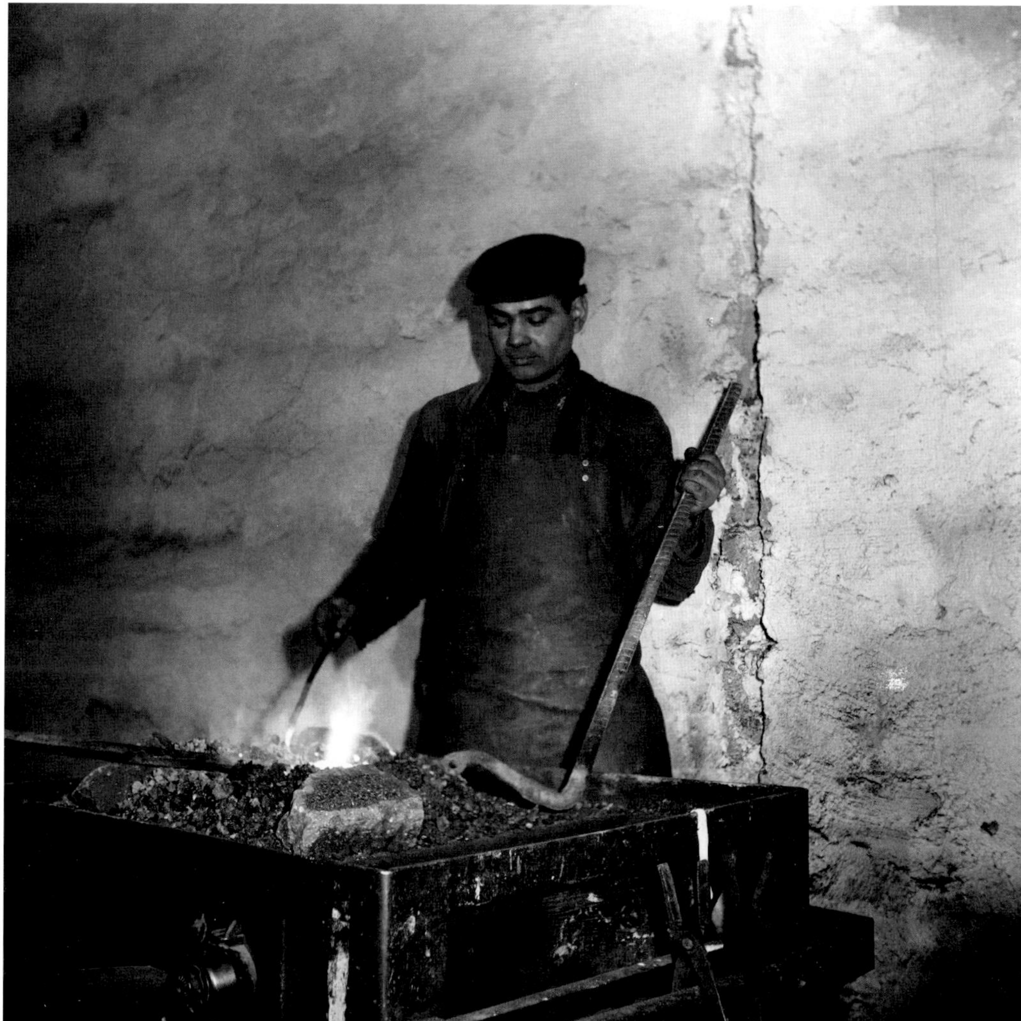

101 **Šaca u Košic, Slovakia / Slovensko** 1962

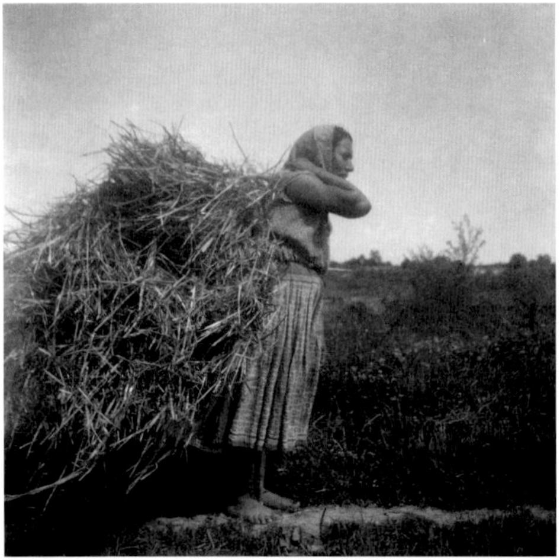

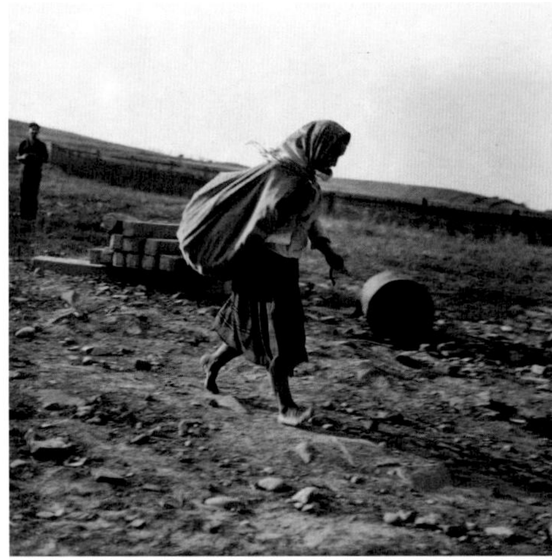

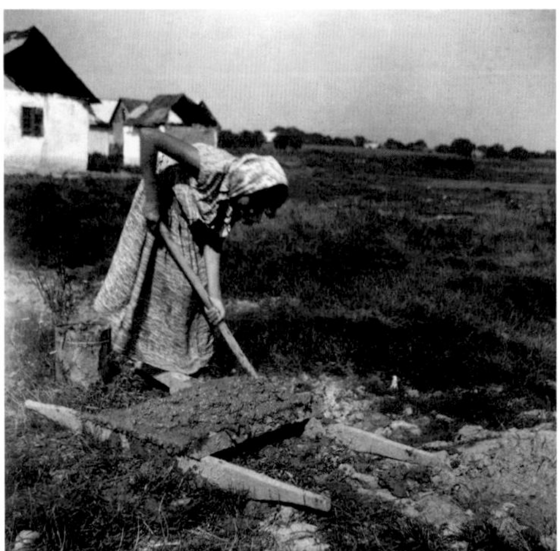

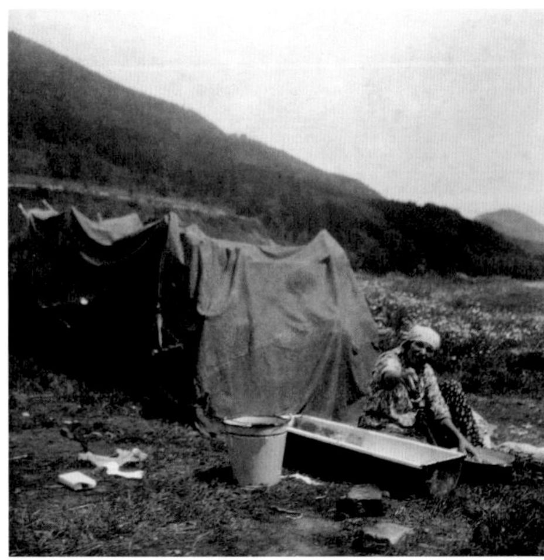

102 **Závadka nad Hronom, Slovakia** 1962

103 **Muráň, Slovakia / Slovensko** 1956

104 **Sečovce, Slovakia / Slovensko** 1961

105 **Madunice, Slovakia / Slovensko** 1957

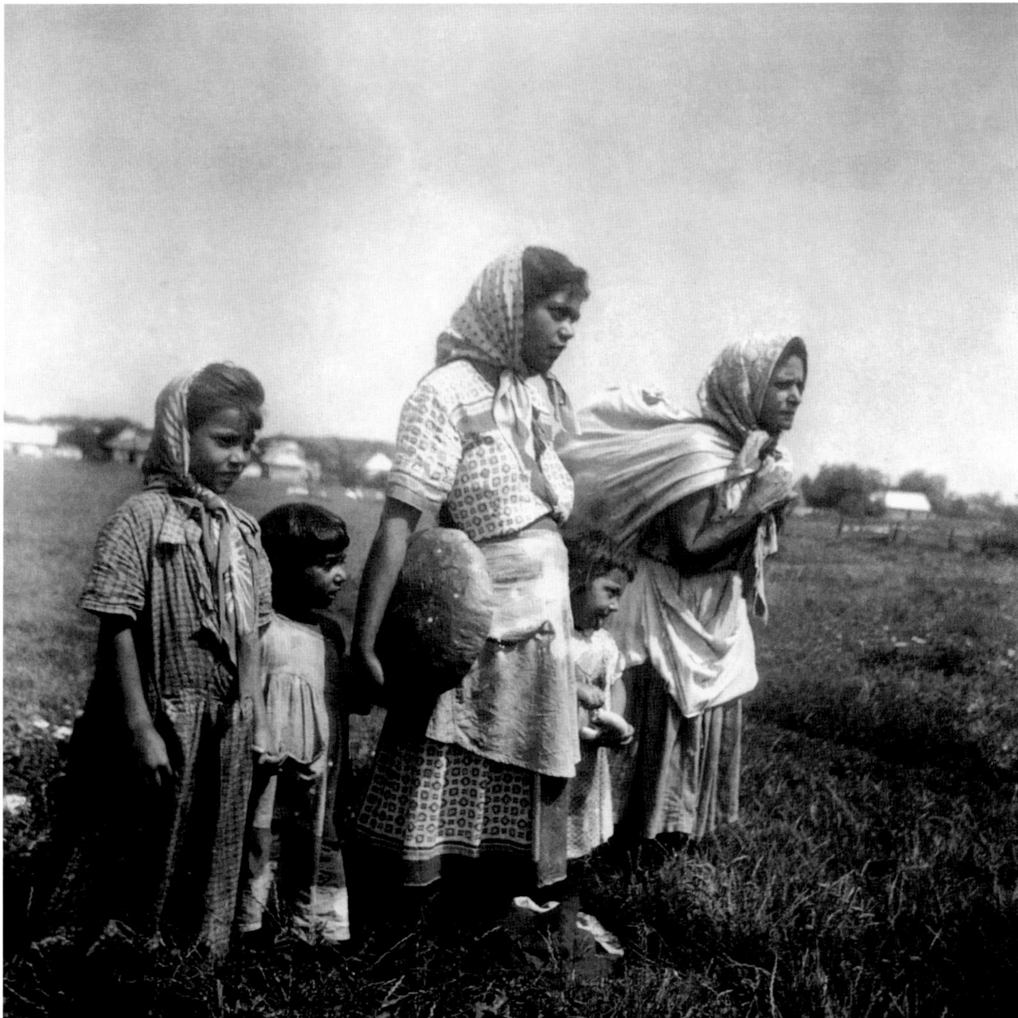

106 **Trebišov, Slovakia / Slovensko** 1957

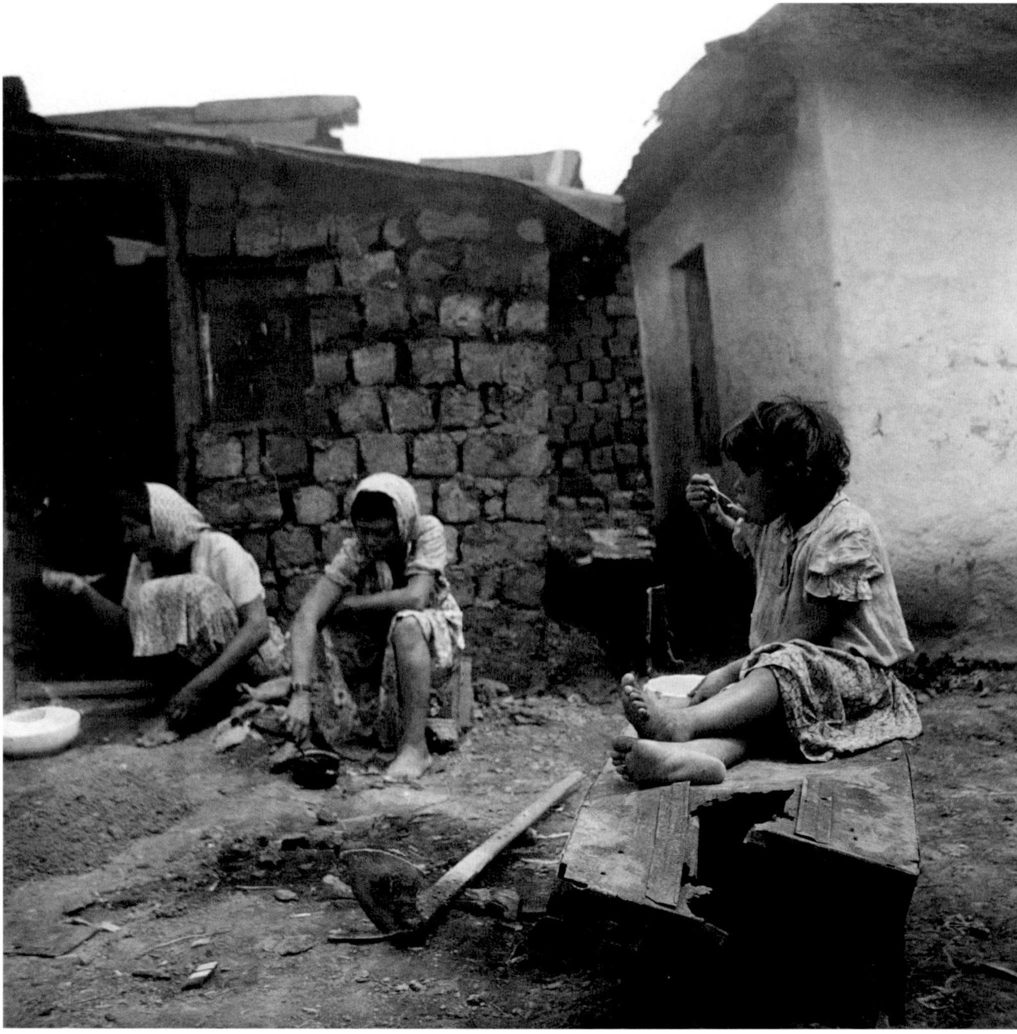

107 **Trebišov, Slovakia / Slovensko** 1961

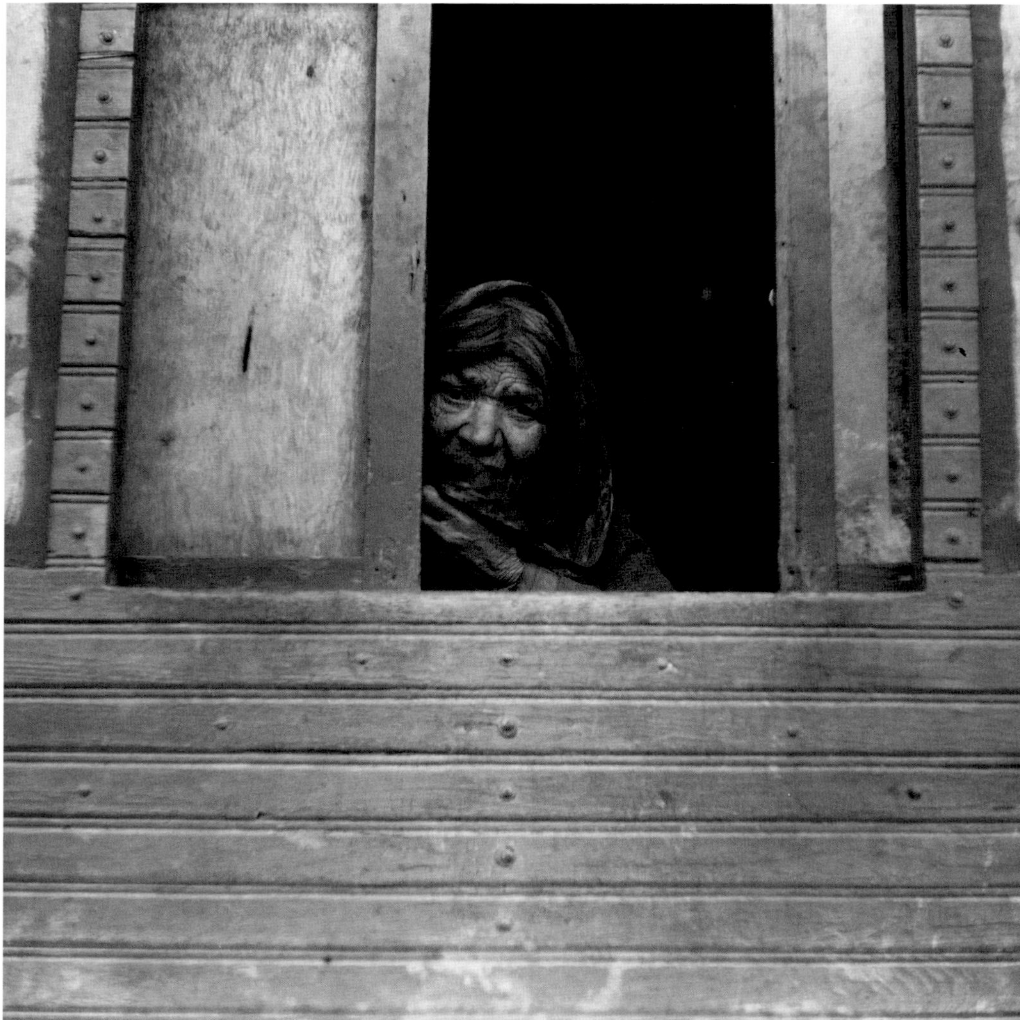

108 **Madunice, Slovakia / Slovensko** 1958

Biographical Data

Eva Davidová was born in Prague on 28 December 1932. She grew up in Prague and studied ethnography and art history at Charles University, graduating in 1957.

At university she began to devote herself to the systematic study of the culture and way of life of the Gypsies (Roma) in Czechoslovakia. She traveled throughout the country for her research, particularly to visit the Gypsies of central and east Slovakia, where most of them lived in traditional "Gypsy settlements," which they call *romane gava*. She then chose the settlement in the east Slovak town of Trebišov as the topic of her university dissertation, which was the first of its kind in Czechoslovakia.

Her first photographs of Slovak and Olach (Wallachian) Gypsy communities (the latter of which were nomadic until 1959) date from her student days. She photographed them with a Pentacon Six, which she continues to use. Together with these photographs she made her first sound recordings of Gypsy oral and musical culture, using a Tesla "Sonet Duo" tape recorder. Photographing and recording the culture of the Gypsies became more than just her area of specialization; it became her life's mission as well.

Although after graduating from university she was unable to find employment related to this topic, it increasingly came to dominate her professional and personal interests. In 1960–62 she lived and worked in the Slovak town of Košice. Later, as a researcher in various academic and cultural institutions, she continued to research the topic: in the Institute of Sociology at the Czechoslovak Academy of Sciences, Prague, in 1968–76, and, when she and her family moved from Prague in 1976, she worked for fifteen years in the Český Krumlov regional museum, south Bohemia; later, particularly after 1991, she worked in the Museum of Romani Culture, Brno, which she helped to establish and has worked at for twelve years.

Today, Eva Davidová lectures at the South Bohemian University, České Budějovice, and is a guest lecturer at several other universities. She also works with the Museum of Roma Culture, Brno, and with a number of institutions outside the country. She is a member of the International Romani Union and is active in the Gypsy Lore Society, an international organization. She has a post-graduate degree in ethnology.

Životopisná data

Eva Davidová se narodila 28. prosince 1932 v Praze, kde i vyrůstala a vystudovala etnografii a dějiny umění na Filosofické fakultě Univerzity Karlovy. Promovala v roce 1957.
Již v době studií se začala systematicky věnovat studiu způsobu života a kultury romského etnika v Čechách, na Moravě a na Slovensku. Jezdila Romy poznávat zejména na střední a východní Slovensko, kde jich nejvíce žije v tradičních „cikánských osadách – romane gava". Romskou osadu ve východoslovenském Trebišově si potom zvolila za téma své diplomní práce, která byla první svého druhu u nás.
Již z této doby se datují její první fotografie slovenských i olašských – do roku 1959 kočovných – romských společenství. Zachycovala je fotoaparátem Pentacon six, kterému zůstala věrná i nadále. Spolu s fotografiemi vznikaly i její první fonografické záznamy romské slovesné a hudební kultury, pořizované na kotoučovém magnetofonu Sonet duo. Fotografování a zaznamenávání slovesné a hudební kultury Romů se stalo nejen jejím odborným tématem, ale doslova životním posláním.
Přestože po dokončení studia neměla možnost se tímto tématem profesně zabývat, stále v jejím odborném i osobním zájmu převažovalo. V letech 1960–62 žila a pracovala v Košicích. I později, již jako odborná pracovnice různých vědeckých a kulturních institucí, zůstala svému tématu věrná: v letech 1968–76, kdy pracovala v Sociologickém ústavu Československé akademie věd v Praze, i po roce 1976, kdy se s rodinou přestěhovala z Prahy do Českého Krumlova, kde patnáct let pracovala v Okresním muzeu. A zejména pak po roce 1991 v Muzeu romské kultury v Brně, u jehož vzniku stála a kde odborně působila dvanáct let.
Dnes Eva Davidová přednáší na Jihočeské univerzitě v Českých Budějovicích a externě i na několika univerzitách dalších. Spolupracuje též s Muzeem romské kultury v Brně a s řadou zahraničních institucí. Je členkou International Romani Union a aktivně působí v mezinárodní vědecké romistické společnosti Gypsy Lore Society. Je kandidátkou věd v oboru etnologie.

Solo Exhibitions / Samostatné výstavy

2001 Novoměstská radnice, Praha
Velká synagoga, Plzeň
2002 Okresní muzeum, Český Krumlov
Galerie Střední umělecké školy, Litvínov
Muzeum romské kultury, Brno
2003 Muzeum romské kultury, Brno
Okresní muzeum, Most
České centrum, Berlin
2004 Slovenské technické muzeum, Košice
Městská galerie, Beroun
České centrum, Warszawa
Kaple sv. Jana Nepomuckého – Františkánský klášter, Praha
Slovenské národné múzeum – Etnografické múzeum, Martin

Selected Group Exhibitions / Účast ve skupinových výstavách (výběr)

1962 Galerie KVP, Košice (exhibition / výstava *Cigáni východného Slovenska*)
1988 Okresní muzeum, Český Krumlov (exhibition / výstava *Cikáni–Romové v Československu a na Českokrumlovsku*)
1992 Moravské muzeum – Etnografický ústav, Brno (exhibition / výstava *Romové v Československu*)
1998 Moravské zemské muzeum – pavilon Anthropos, Brno (exhibition / výstava *Hledání domova*)
2001 Františkánský klášter, Praha (exhibition / výstava *Khamoro*)
2002 Galerie Josefa Sudka, Praha (exhibition / výstava *6 fotografů – Romové*)
2003 Galerie Portheimka, Praha (exhibition / výstava Magistrátu hl. m. Prahy – *Národnosti*)

Bibliography / Literatura

Books / Knihy

Davidová, Eva: *Bez kolíb a šiatrov*, Košice, Východoslovenské vydavateľstvo 1965.

Davidová, Eva: *K specifike sovremennoj problematiki Cygan v Čechoslovakii i osobenno v češskich pograničnych oblastjach*, Sarajevo, Institut pro výzkum etnických skupin 1989.

Davidová, Eva & Žižka, Jan: *Folk Music of the Sedentary Gypsies of Czechoslovakia (A Letelepedett Cigányság Népzenéje Csehszlovákiaban)*, Budapest, Institute of Musicology of the Hungarian Academy of Science 1991.

Davidová, Eva: *Romano drom – Cesty Romů. 1945–1990*, Olomouc, Vydavatelství Univerzity Palackého 1995.

Čhajori romani (romani song-poetry), Praha, Ars Bohemica 1999.

Davidová, Eva & kolektiv: *Černobílý život – The Life in Black and White*, Praha, Gallery 2000.

Davidová, Eva & Manuš, Erika: *Romové ve fotografii Evy Davidové*, Praha, Fortuna 2001.

Davidová, Eva: *Romové a česká společnost – hledání domova, porozumění a vzájemného soužití*, Studie Národohospodářského ústavu Josefa Hlávky 3, 2001, č. 3, 89 s.

Recordings / Zvukové nosiče

Romane giľa. An Anthology of Authentic Roma Folksongs (Antologie autentického romského písňového folkloru), LP + booklet, Praha, Supraphon & Artia 1974.

Davidová, Eva & Jurková, Zuzana: *Vlachicka Djila*, CD + booklet, Praha, Academia 2001.

Giľa – Ďíla – Giľora. Písně olašských a usedlých Romů – Songs of Oláh and Settled Roma, CD + booklet, Brno, Muzeum romské kultury 2002.

Selected Articles / Vybrané články

Davidová, Eva: The Gypsies in Czechoslovakia, in: *Journal of the Gypsy Lore Society* 1, 1970 , č. 3–4, s. 84–97; 2, 1971, č. 1–2, s. 40–51.

Davidová, Eva: Wspólczesne badanie cyganologiczne w Czechosłowacji w dziedzine etnosocjologii, in: *Etnografia Polska* 22, 1978, č. 2, s. 185–196.

Davidová, Eva: Les recherches contemporaines concernant les Tsiganes de Tchécoslovaquie, in: *Hommes et Migration – Tsiganes et nomades: Tendances actuelles de la recherches*, Paris 1978.

Davidová, Eva: Cikánští osídlenci na Českokrumlovsku po roce 1945, in: *Zpravodaj KSVI*, 1982, č. 6, s. 116–135.

Davidová, Eva: Zmiany w strojach i sposobe ubierania sie Cyganów zyjacych w Czechosłowacji, in: *Polska sztuka ludowa*, 1982, č. 1–4, s. 133–138.

Davidová, Eva: Le folklore vocal des Tsiganes contemporains en Tchécoslovaquie, in: *Études Tsiganes*, 1982, č. 2–3, s. 4–25.

Davidová, Eva: Lidové náboženství Cikánů–Romů v 50. letech 20. století, před rozpadem jejich tradiční komunity, in: *Slovenský národopis* 36, 1988, č. 1, s. 93–104.

Davidová, Eva: Cikáni – Romové v městském prostředí Českého Krumlova (1945–1988), in: *Zpravodaj koordinované sítě vědecko-technických informací*, 1988, č. 13, s. 2–81.

Davidová, Eva: Narodna muzika kod Roma u Čehoslovačkoj, in: *Sbornik Institutu za proučavanje nacionalnih odnosa*, Sarajevo 1989, s. 413–420.
Davidová, Eva: Tradiční i současný romský (cikánský) písňový folklór, in: *Český lid* 76, 1989, č. 1, s. 39–46 (s J. Gelnarem).
Davidová, Eva: Ke způsobu bydlení Romů v českých zemích a na Slovensku, in: *Bulletin muzea romské kultury*, 1992, č. 1, s. 8–15.
Davidová, Eva: Osudy a cesty Romů 1945–1989, in: *Roma – tradice a současnost*, Brno, MZM a Svan 1999, s. 33–38.

List of Published Photographs

p. 2 Portrait of E. D. by Mirek Vránek, 2001.

1 Volary, Bohemia, 1958. A caravan (*vurdon*), drawn by a horse or small tractor. For most Wallachian Gypsies the caravan was, until February 1959, both a means of transport and a home for the family.

2–3 Český Brod, Bohemia, 1959. "What will become of us once we're forced to settle down?"

4–5 Kladno, Bohemia, 1959. Last stop

6 Český Brod, Bohemia, 1959. "There, there, don't cry!"

7 Hlohovec, Slovakia, 1958. A Wallachian family in a caravan; still nomadic at this point.

8 Kladno, Bohemia, 1959. At a new address.

9 Karviná, Moravia, 1956. A stop along the way.

10 Pečky, Bohemia, 1959. Before leaving for school from their new home in an abandoned railway car, where these traveling Gypsies had been forced to settle.

11 Hlohovec, Slovakia, 1958. Luludža from a group of Wallachian Gypsies.

12 Hlohovec, Slovakia, 1959. A girl from a group of Rafaels, Wallachian Gypsies, gets her first doll.

13 Michalovce, Slovakia, 1962.

14 Trebišov, Slovakia, 1956.

15 Děčín, Bohemia, 1975.

16 Český Brod, Bohemia, 1959.

17 Betlanovce, Slovakia, 1972.

18 Kladno, Bohemia, 1959. "They've stopped the wheels of our wagons from turning."

19 Český Krumlov region, Bohemia, 1988. In their new home.

20 Děčín, Bohemia, 1975.

21 Hrabušice, Slovakia, 1976.

22 Trebišov, Slovakia, 1985.

23 Northern Bohemia, 1968. In their new home.

24 Letanovce, Slovakia, 1972.

25 Trebišov, Slovakia, 1956.

26 Most, Bohemia, 1971.

27 Betlanovce, Slovakia, 1976.

28 Rudňany, Slovakia, 1972.

29 Ostrava, Moravia, 1966.

30 Petrovany, near Prešov, Slovakia, 1970. A horse (*graj grast*) – a friend. Memories of trips and the vanished, banned, nomadic way of life.

31 Eastern Slovakia, 1960. Gypsy settlement: "Welcome!"

32 Kladno, Bohemia, 1960. In Kladno, in the 1959–60 school year, children from traveling Gypsy families began to attend school with other children.

33 Trebišov, Slovakia, 1961. The first word I wrote is "mama."

34 The Ostrava region, Moravia, 1957. Special school in the Přívoz district of Ostrava Moravia. Zdenka Půčková taught many Gypsy children here.

35 The Ostrava region, Moravia, 1968. School and lessons.

36 Trebišov, Slovakia, 1961. "We have our own school and teacher – his name is Šimek. We like going to it!"

37 Košice, Slovakia, 1962. Two worlds in one city.

38 Ostrava, Moravia, 1970. Like the fowl of the air. The old customs were observed even in the new urban environment.

39 Egreš, Slovakia, 1992. Far from the *gadje* (non-Gypsies).

40 Hrabušice, Slovakia, 1976. Cooking on the doorstep in summer.

41 Košice, Slovakia, 1961. Shelter for the whole family.

42 Hucín, Slovakia, 1962.

43 Somotor, near Trebišov, Slovakia, 1972. A "pit house," still a dwelling for some Gypsies back then.

44 Betlanovce, Slovakia, 1976.

45 Eastern Slovakia, 1972. "Amaro kher" (Our house).

46 Eastern Slovakia, 1991. Gypsies love color; most of them paint the walls of their dwellings in deep pink, green, or yellow. They also make their own patterns.

47 Eastern Slovakia, 1995. The walls of the room are traditionally decorated with pictures of Christ and the Madonna, a cross, family photographs, and sometimes even political emblems.

48 Pohorská Ves, Český Krumlov region, Bohemia, 1989. The decoration of a young family's apartment now includes a clock and sports trophies.

49 Podhradie, Krásna Hôrka Slovakia, 1962. The painted wooden entrance area of a little house in the settlement.

50 Eastern Slovakia, 1975. A bed and place to eat: an interior typical of the poorest Gypsy settlements.

51–52 Betlanovce, Slovakia, 1972. In our house we so far have only a bed and a stove."

53 Trebišov, Slovakia, 1957. The Gypsies believe that after the death of a family member the deceased is with still them until the funeral. That is why they observe the custom of a wake (*vartování u mrtvého*), taking turns sitting by the deceased for three days and three nights, telling true-life stories and singing.

54–56 Kendice, Slovakia, 1961. Old Fanta Makulová has died. Members of the immediate and larger family of the once semi-nomadic Lovare (horse dealers) paying their last respects.

57 Trebišov, Slovakia, 1957. The wake for a dead mother.

58 Madunice, Slovakia, 1958. Horse and wagon, symbols of traveling.

59 Karviná, Moravia, 1965. Husband and wife from the Stojka family, Wallachian Gypsies. The man with the requisite hat; the woman with a flower in her hair.

60 Polomka, Slovakia, 1956. The mother of the Markus family with one of her sons.

61 Ostrava, Moravia, 1970. A young Wallachian mother.

62 Spiš, Slovakia, 1972. Little Eržika with her mother.

63 Gemer, Slovakia, 1992. Gypsy Madonna.

64 Hucín, Slovakia, 1958. Mother and child, the greatest treasure a poor family can have.
65 Eastern Slovakia, 1961. By a wagon with wattled sides, at the back of a Gypsy settlement.
66 Michalovce, Slovakia, 1961. Open-air kitchen.
67 Sečovce, Slovakia, 1961.
68 Trebišov, Slovakia, 1957. Washing day.
69–70 Moldava nad Bodvou, Slovakia, 1961.
71 Michalovce, Slovakia, 1962.
72 Sečovce, Slovakia, 1961.
73 Trebišov, Slovakia, 1958. Siesta.
74 Trebišov, Slovakia, 1955. On a winter slide in back of the settlement.
75 Košice, Slovakia, 1961.
76 Smíchov, Prague Bohemia, 1960. A young Gypsy from the Kuruc family.
77 Gemer, Slovakia, 1962. "A Gypsy without a hat (*kalapa* or *staďi*) is not a real man!"
78 Sečovce, Slovakia, 1961. "I've got a nice tattoo made with a ballpoint pen."
79 Kendice near Prešov, Slovakia, 1992. Růženka Makulová, a young Wallachian girl from the Lovare group, is a good singer.
80 Trebišov, Slovakia, 1956. Julča Baloghová in her summer blouse, but always with red beads and a crucifix around her neck.
81 Trebišov, Slovakia, 1956. "The card fell." The men's amusement in the Gypsy settlement.
82 Prague, Bohemia, 1960. A human face reflects the whole life, character, and thinking of that person. A tinker, a *vajda* (authority) from the Kalderare group.
83 Žilina, Slovakia, 1960. An accordian player.
84 Betlanovce, Slovakia, 1972. Joy and sorrow.
85 Východná, Slovakia, 1986. The Makula, Wallachian Gypsies, prepare their program "People of the Roma Nation" for a folklore festival in the foothills of the Tatras.
86 Kendice, Slovakia, 1962. Song and dance: that's the life and joy of the Gypsies today.
87 Petrovany, Slovakia, 1961. Musicians at a wedding.
88 Hrabušice, Slovakia, 1968. The young generation now plays the guitar a bit differently than the older generation, but it's still Gypsy style.
89 Polomka, Slovakia, 1955. "Now I'm playing only for her." Polomka is where Eva Davidová first met Gypsies.)
90 Kendice, Slovakia, 1962. Márinka, the mother of the family – wisdom and love. Berci, the father – authority (*vajda*). Matúch, the son – hope.
91 Trebišov, Slovakia, 1957. Perhaps there are excellent musicians in every Gypsy settlement. They play at weddings, funerals, and dances, mainly for their kin.
92 Sečovce, Slovakia, 1962. Basket-weaving remains to this day a traditional Gypsy craft.
93 Prague, Bohemia, 1975. Kettle-making and tin-plating, old Gypsy crafts (mainly in the Kalderare group) that died out in Czechoslovakia the 1970s. Only some Gypsies still make a living repairing kettles and other vessels, for example these Kalderare in the Dejvice district of Prague.
94 Podčičva near Vranov nad Topľou, Slovakia, 1962. The work of a trough-maker.

95 Podčičva near Vranov nad Topľou, Slovakia, 1991. Kanaloš, one of the few makers today of large and small troughs, bowls, spoons, and other handmade woodenware.

96 Trebišov, Slovakia, 1958. A basket-maker – a producer of baskets, hampers, and panniers from peeled and unpeeled willow rods.

97 Košice, Slovakia, 1961. Ruda Baláž with his son on the promenade.

98 Prešov, Slovakia, 1962. Even back then Gypsy women and girls worked in the clothing factories of Prešov.

99 Ostrava, 1971. In the once unusual job of roller in a steel mill.

100 Košice, Slovakia, 1961. As a factory guard with a pistol.

101 Šaca, Košice, Slovakia, 1962. The blacksmith (*charťas*) Alexander Šaňo) Horváth was able to use the skills of his traditional trade in the East Slovak Ironworks.

102 Závadka nad Hronom, Slovakia, 1962. A load of straw to make mattresses for the family.

103 Muráň, Slovakia, 1956. In a *zajda* (or *lepeda* on their backs, woman have carried not only their small children but also shopping, firewood, and everything else they need.

104 Sečovce, Slovakia, 1961. A mother "mixing dough" for *valky* (unfired bricks). They will make a new house out of them.

105 Madunice, Slovakia, 1957. A Wallachian woman in front of a tent (*cerha*) on a stop during their journey, when a woman had to see to shelter and food for the whole family.

106 Trebišov, Slovakia, 1957. Returning to the settlement from shopping in the town.

107 Trebišov, Slovakia, 1961. Lunch in the settlement.

108 Madunice, Slovakia, 1958. The old eyes of wise women, even half-blind, often see more than those of the young and healthy.

Soupis publikovaných fotografií

s. 2 Portrét E. D. Foto Mirek Vránek, 2001.
1 Volary, 1958. Kočovný vůz (vurdon), tažený koněm či malým traktorem, byl pro většinu olašských Romů až do února1959 nejen přepravním prostředkem, ale i domovem celé rodiny.
2–3 Český Brod, 1959. „Co s námi po usazení bude?“
4–5 Kladno, 1959. Na konečné stanici.
6 Český Brod, 1959. „Tak, kluku, neřvi!“
7 Hlohovec, Slovensko, 1958. Olašská rodina v maringotce, ještě jako kočovníci.
8 Kladno, 1959. Na nové adrese.
9 Karviná, 1956. Na zastávce během cesty.
10 Pečky, 1959. Před cestou do školy z nového domova ve vyřazených železničních vagonech, kam byli kočovní Romové násilně usazeni.
11 Hlohovec, Slovensko, 1958. Luludža ze skupiny olašských Romů.
12 Hlohovec, Slovensko, 1959. Děvče ze skupiny olašských Romů-Rafaelů má svou první panenku.
13 Michalovce, Slovensko, 1962.
14 Trebišov, Slovensko, 1956.
15 Děčín, 1975.
16 Český Brod, 1959.
17 Betlanovce, Slovensko, 1972.
18 Kladno, 1959. „Kola našich vozů už nám zastavili…“
19 Českokrumlovsko, 1988. V novém domově.
20 Děčín, 1975.
21 Hrabušice, Slovensko, 1976.
22 Trebišov, Slovensko, 1985.
23 Severní Čechy, 1968. V novém domově.
24 Letanovce, Slovensko, 1972.
25 Trebišov, Slovensko, 1956.
26 Most, 1971.
27 Betlanovce, Slovensko, 1976.
28 Rudňany, Slovensko, 1972.
29 Ostrava, 1966.
30 Petrovany u Prešova, Slovensko, 1970. Kůň (graj, grast) – přítel. Vzpomínka na cesty, na ztracený a zakázaný kočovný život.
31 Východní Slovensko, 1960. Romská osada: „Vítejte u nás!“
32 Trebišov, Slovensko, 1961. První slovo, které napsal, je máma.
33 Kladno, 1960. V Kladně přišly ve školním roce 1959–60 mezi ostatní děti i děti Romů z kočovných rodin.
34 Ostrava, 1957. Zvláštní škola v Ostravě-Přívoze. Zdenka Půčková zde vzdělala mnoho romských dětí.

35 Ostravsko, 1968. Škola, učení.
36 Trebišov, Slovensko, 1961. „Máme svou školu i svého učitele Šimka. Sem chodíme rádi!"
37 Košice, Slovensko, 1962. Dva světy v jednom městě.
38 Ostrava, 1970. Jak ptactvo nebeské. Staré zvyklosti se udržely i v novém městském prostředí.
39 Egreš u Trebišova, Slovensko, 1992. Daleko od gadžů.
40 Hrabušice, Slovensko, 1976. Letní vaření na zápraží.
41 Košice, Slovensko, 1961. Přístřeší pro celou rodinu.
42 Hucín, Slovensko, 1962.
43 Somotor u Trebišova, Slovensko, 1972. Polozemnice, tehdy ještě obydlí některých Romů.
44 Betlanovce, Slovensko, 1976.
45 Východní Slovensko, 1972. „Amaro kher – náš dům."
46 Východní Slovensko, 1991. Romové milují barvy, většinou si sami malují stěny svých obydlí sytou růžovou, zelenou či žlutou. Vytvářejí i originální vzory.
47 Východní Slovensko, 1995. Stěny pokoje zdobí tradičně obrazy Krista a Panny Marie, kříž, rodinné fotografie a třeba i politická symbolika.
48 Pohorská Ves, Českokrumlovsko, 1989. Ve výzdobě bytu mladé rodiny nechybí už ani hodiny a sportovní vyznamenání.
49 Krásná Hôrka-Podhradie, Slovensko, 1962. Malované dřevěné zádveří domku v osadě.
50 Východní Slovensko, 1975. Postel a místo k jídlu jsou základními kusy nábytku i v těch nejchudších obydlích romských osad.
51–52 Betlanovce, Slovensko, 1972. V našem domku máme zatím jen postel a kamínka.
53 Trebišov, Slovensko, 1957. Po smrti člena rodiny Romové věří, že až do pohřbu je zesnulý s nimi přítomný a proto je dodnes provozován zvyk „vartování u mrtvého", kdy po tři dny a tři noci u něj střídavě bdí, vyprávějí příběhy ze života a zpívají.
54–56 Kendice, Slovensko, 1961. Stará Fanta Makulová zemřela. Členové rodiny a celého rodu dříve polokočovných Lovarů (obchodníků s koňmi) se s ní loučí.
57 Trebišov, Slovensko, 1957. Vartování u zemřelé matky.
58 Madunice, Slovensko, 1958. Kůň a vůz, symboly cest.
59 Karviná, 1965. Manželé z olašského rodu Stojků. Muž s nezbytným kloboukem, žena s květinou ve vlasech.
60 Polomka, Slovensko, 1956. Matka z rodiny Markusovy s jedním ze svých synů.
61 Ostrava, 1970. Mladá olašská maminka.
62 Spiš, Slovensko, 1972. Malá Erika se svou matkou.
63 Gemer, Slovensko, 1992. Romská Madona.
64 Hucín, Slovensko, 1958. Matka a dítě, největší bohatství i v chudé rodině.
65 Východní Slovensko, 1961. Na konci romské osady, u vozu s proutěnými postranicemi.
66 Michalovce, Slovensko, 1961. Kuchyně pod širým nebem.
67 Sečovce, Slovensko, 1961.
68 Trebišov, Slovensko, 1957. Velké prádlo.
69–70 Moldava nad Bodvou, Slovensko, 1961.
71 Michalovce, Slovensko, 1962.
72 Sečovce, Slovensko, 1961.

73 Trebišov, Slovensko, 1958. Polední siesta.

74 Trebišov, Slovensko, 1955. Na zimní klouzačce za osadou.

75 Košice, Slovensko, 1961.

76 Praha-Smíchov, 1960. Mladý Rom Kuruc.

77 Gemer, Slovensko, 1962. „Bez klobouku (kalapa, stadi) není Cikán pořádný chlap!"

78 Sečovce, Slovensko, 1961. „To mám hezké tetování, propiskou udělané."

79 Kendice u Prešova, Slovensko, 1992. Růženka Makulová, mladá olašská Romka ze skupiny Lovarů, je dobrá zpěvačka.

80 Trebišov, Slovensko, 1956. Julča Baloghová ve své letní košilce, ale vždy s červenými korálemi a křížkem na krku.

81 Trebišov, Slovensko, 1956. „A karta padla." Zábava mužů v romské osadě.

82 Praha, 1960. V lidské tváři se obráží celý život, charakter i myšlení člověka. Kotlářský vajda ze skupiny Kalderare.

83 Žilina, Slovensko, 1960. Harmonikář.

84 Betlanovce, Slovensko, 1972. Radost i smutek.

85 Východná, Slovensko, 1986. Na folklorní festival pod Tatrami připravuje rodina olašských Makulů originální pořad „Lidé z rodu Romů".

86 Kendice, Slovensko, 1962. Píseň a tanec, to je život a radost Romů dodnes.

87 Petrovany, Slovensko, 1961. Muzikanti na svatbě.

88 Hrabušice, Slovensko, 1968. Mladá generace už hraje na kytary trochu jinak než dříve, ale stále romsky .

89 Polomka, Slovensko, 1955. „Teď hraju jen pro ni." (V Polomce byla Eva Davidová mezi Romy poprvé.)

90 Kendice, Slovensko, 1962. Márinka, matka rodu – moudrost a láska. Otec Berci – vajda, autorita. Syn Matúch – naděje.

91 Trebišov, Slovensko, 1957. Snad v každé romské osadě jsou výborní muzikanti. Chodí hrát na svatby, pohřby i tancovačky, ale hlavně svým blízkým.

92 Sečovce, Slovensko, 1962. Košíkářství je tradičním romským řemeslem dodnes.

93 Praha, 1975. Kotlářství a pocínovačství, stará romská řemesla (hlavně ve skupině Kalderare) už u nás v 70. letech zanikala. Jen někteří se ještě živili opravami kuchyňských kotlů a jiných nádob, jako například tito Kalderarové v Praze-Dejvicích.

94 Podčičva u Vranova nad Topľou, Slovensko, 1962. Z práce korytáře.

95 Podčičva u Vranova nad Topľou, Slovensko, 1991. Korytář Kanaloš, jeden z mála současných výrobců velkých i malých koryt, misek, lžic a dalších dřevěných rukodělných výrobků.

96 Trebišov, Slovensko, 1958. Košíkář – výrobce košů, nůší a ošatek z loupaného i neloupaného vrbového proutí.

97 Košice, Slovensko, 1961. Ruda Baláž se synem na korze.

98 Prešov, Slovensko, 1962. V Odevných závodoch v Prešově pracovaly už tehdy i romské ženy a dívky.

99 Ostrava, 1971. V dříve neobvyklé profesi valcíře.

100 Košice, Slovensko, 1961. Ve funkci hlídače závodní stráže s přidělenou pistolí.

101 Šaca u Košic, Slovensko, 1962. Kovář (charťas) Alexander (Šaňo) Horváth mohl ve Východoslovenských železiarnach využít své tradiční řemeslo.

102 Závadka nad Hronom, Slovensko, 1962. Náklad slámy, materiálu do slamníků pro celou rodinu.

103 Muráň, Slovensko, 1956. V zajdě (lepeda) na zádech nosily a nosí ženy nejen své malé děti, ale i nákup, palivové dříví a vše, co je třeba.

104 Sečovce, Slovensko, 1961. Matka „zadělává" na „valky" (nepálené cihly). Z nich si postaví nový domek.

105 Madunice, Slovensko, 1957. Olašská žena před stanem (cerha) na jedné ze zastávek kočovných cest, kdy se žena musela postarat o přístřešek a jídlo pro celou rodinu.

106 Trebišov, Slovensko, 1957. Návrat do osady z nákupu ve městě.

107 Trebišov, Slovensko, 1961. Oběd v osadě.

108 Madunice, Slovensko, 1958. Staré, třeba i poloslepé oči moudrých žen vidí mnohdy víc než oči mladé a zdravé.

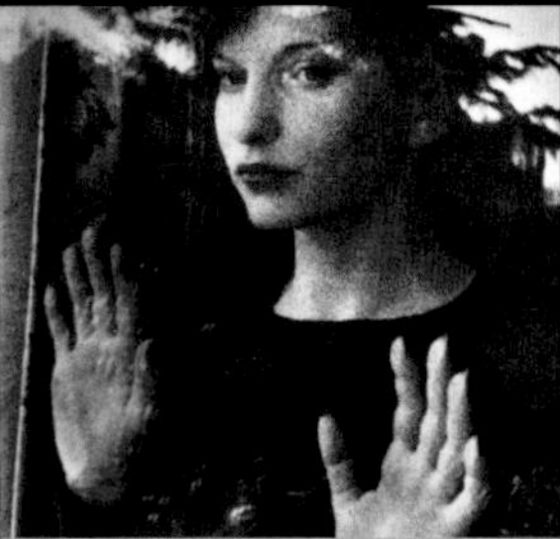

Alexandr **Hackenschmied**

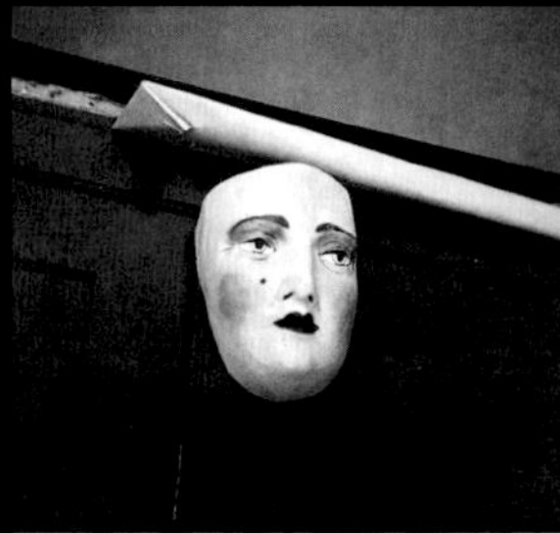

Jindřich **Štyrský**

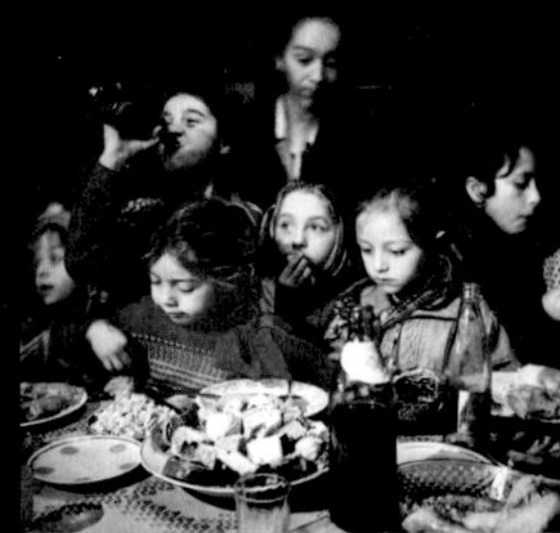

Karel **Cudlín**

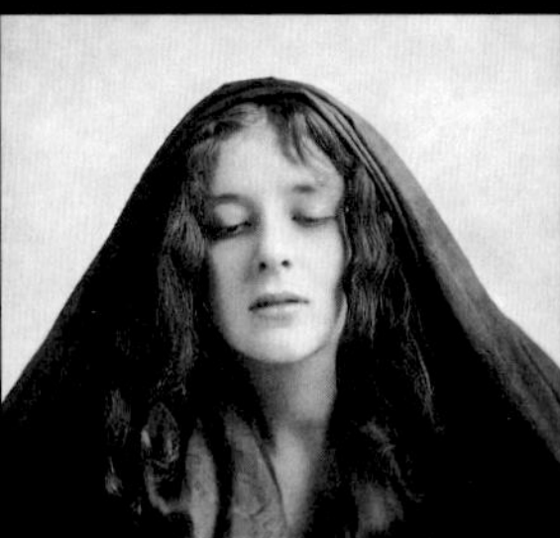

Alfons **Mucha**

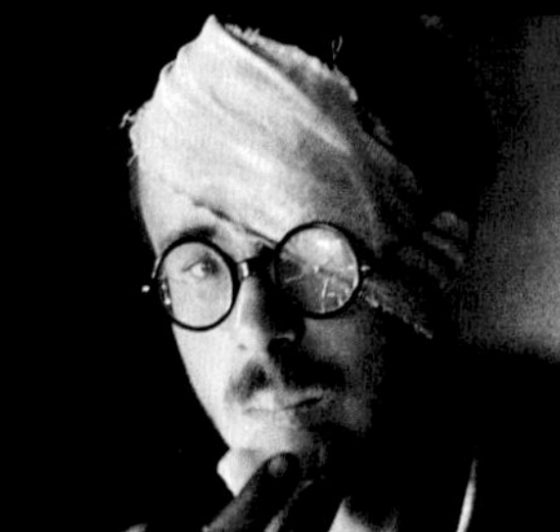

Zdeněk **Tmej**

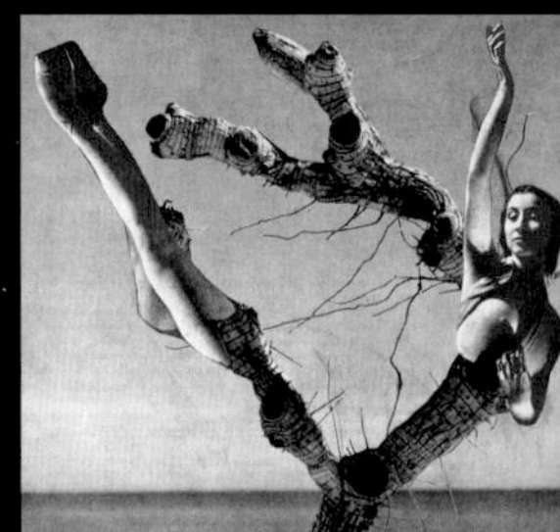

Karel **Teige**

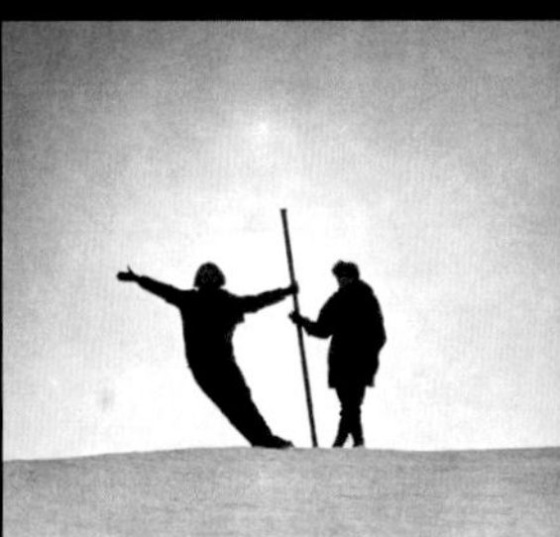

Bohdan **Holomíček**

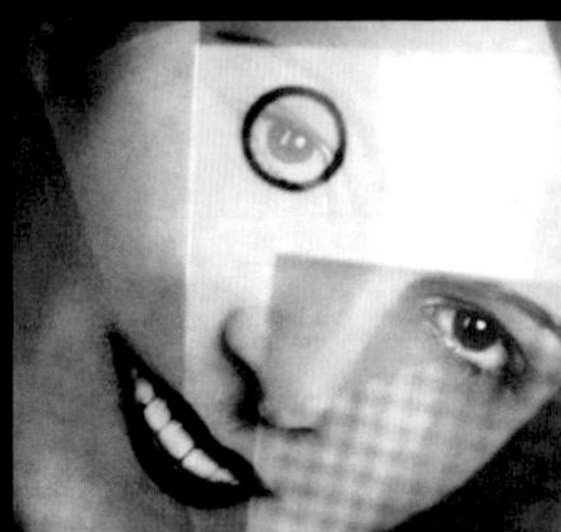

Jaroslav **Rössler**

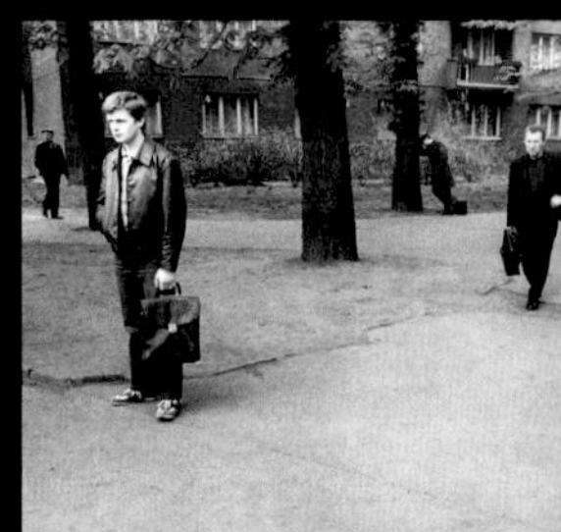

Viktor **Kolář**

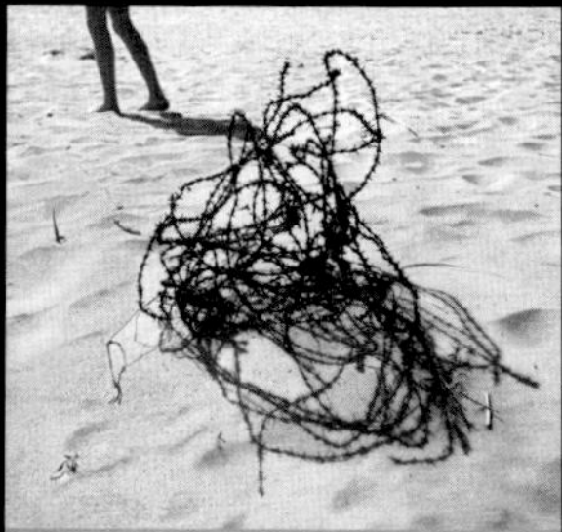

Josef **Koudelka**

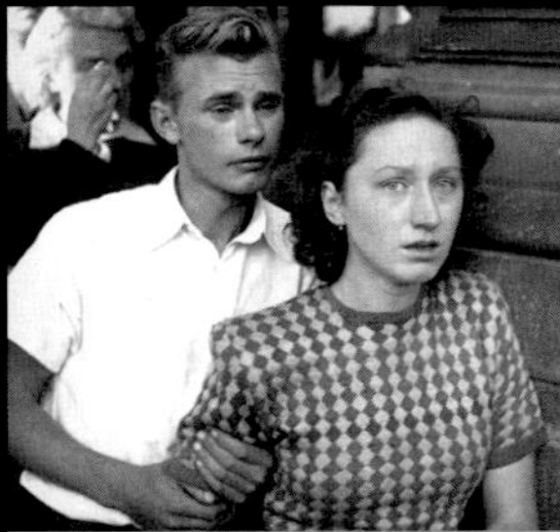

Jan **Lukas**

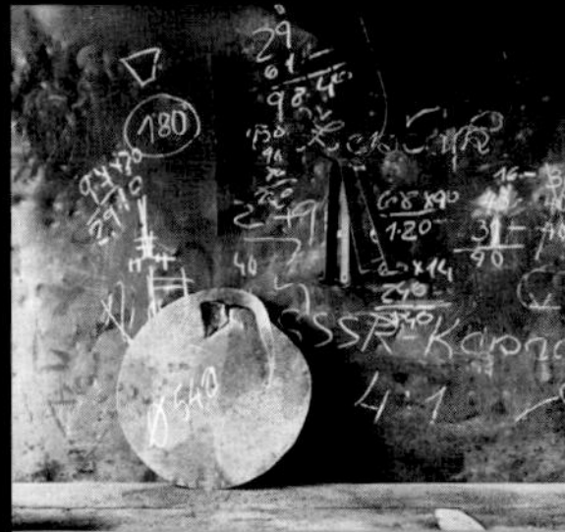

Ivo **Přeček**

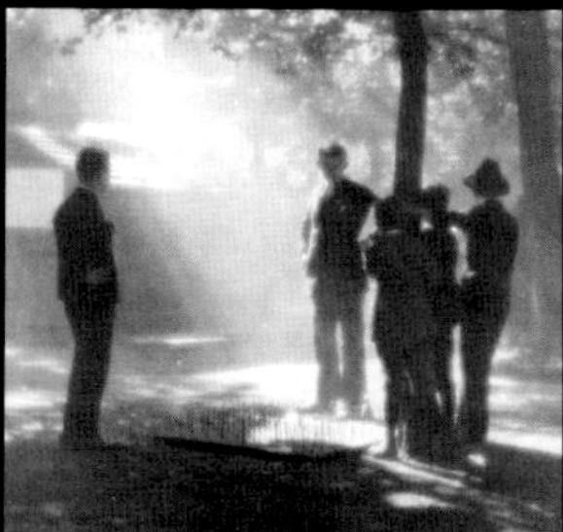

Josef **Sudek**

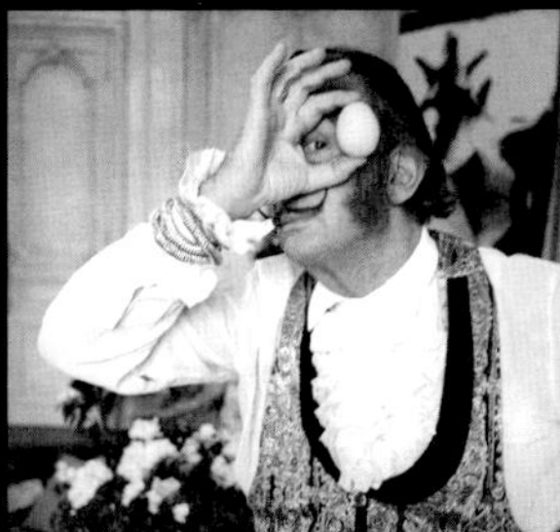

Václav **Chochola**

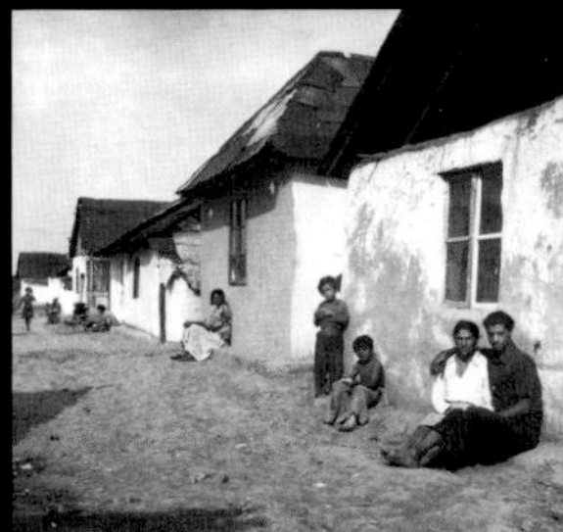

Eva **Davidová**

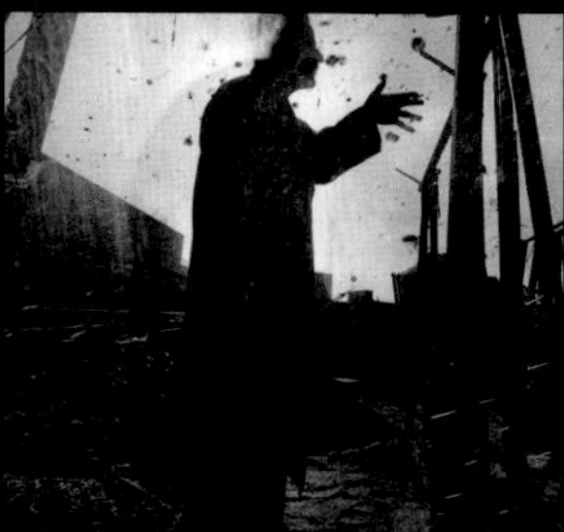

Antonín **Kratochvíl**

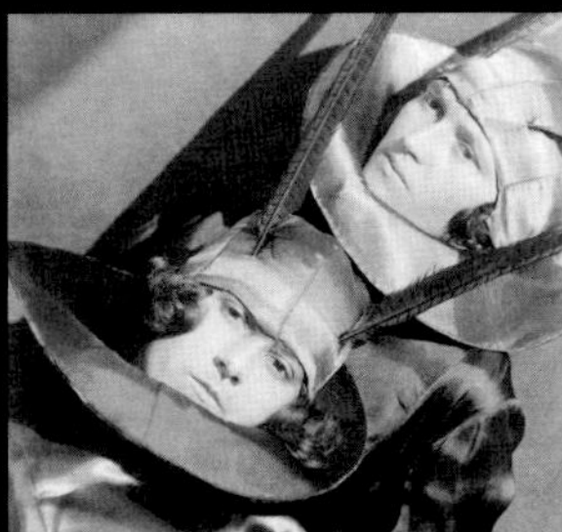

Jaromír **Funke**

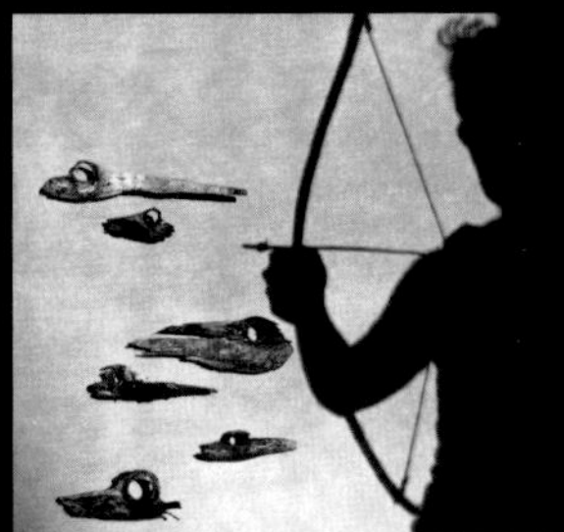

Emila **Medková**

FOTO**TORST**

Published to date / Dosud vyšlé svazky:

1 **Alexandr Hackenschmied**
2 **Bohdan Holomíček**
3 **Alfons Mucha** (Out of print / Vyprodáno)
4 **Jindřich Štyrský**
5 **Zdeněk Tmej**
6 **Jaroslav Rössler**
7 **Karel Cudlín** (Out of print / Vyprodáno)
8 **Karel Teige**
9 **Viktor Kolář**
10 **Josef Koudelka**
11 **Josef Sudek**
12 **Antonín Kratochvíl**
13 **Jan Lukas**
14 **Václav Chochola**
15 **Jaromír Funke**
16 **Ivo Přeček**
17 **Eva Davidová**
18 **Emila Medková**

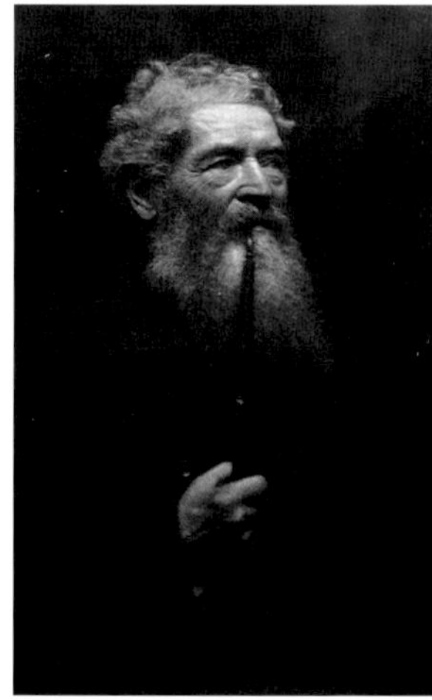

Josef Binko

Soon to be published / Připravujeme:

Tono Stano
Jan Langhans
Josef Binko

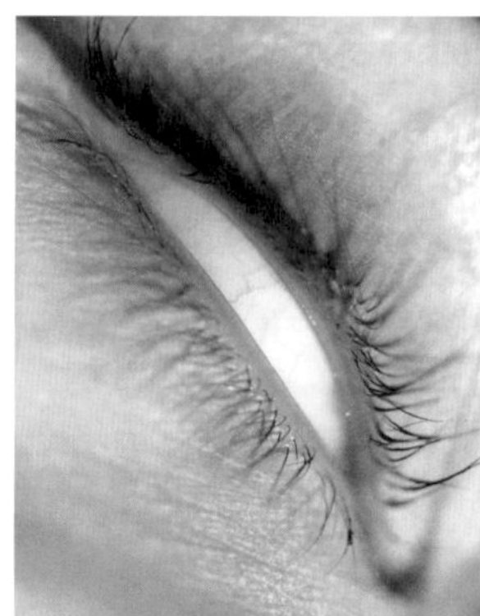

Tono Stano

Also available through D. A. P. / Distributed Art Publishers
155 Sixth Avenue, 2nd Floor, New York, N.Y. 10013, USA
Tel: ++1 (212) 627-1999 Fax: ++1 (212) 627-9484

Eva Davidová

by Anna Fárová, and Jana Horváthová
Photo selection: Anna Fárová
Biography and bibliography: Eva Davidová
Translation: Derek Paton
Graphic concept: Studio Najbrt, Prague
Graphic design: Pavel Lev, Studio Najbrt
Lithography: Art D, Prague
Printed by Trico, Prague
Copy editors: Jan Šulc, Lenka Urbanová, and Derek Paton
Published by TORST
Address: Opatovická 24, Prague 1
CZ-110 00, Czech Republic
foto@torst.cz
First edition, 2004

Also available through D. A. P./Distributed Art Publishers
155 Sixth Avenue, 2nd Floor, New York, N.Y. 10013, USA
Tel: ++1 (212) 627-1999 Fax: ++1 (212) 627-9484

Ethnographer, sociologist, art historian, and photographer, **Eva Davidová** (b. 1932) is one of the founders of Gypsy (Roma) studies in the Czech Republic. Since the mid-1950s she has devoted herself to the systematic study of Gypsy life in Bohemia, Moravia, and Slovakia. She took her first photographs of Slovak and Oláh (Wallachian) Gypsy (formerly nomadic Romani) communities and made the first audio recordings of Gypsy stories and music back in the 1950s. Since graduating from Charles University, Prague, in 1957, she has remained true to her topic, working as an expert in various academic and cultural institutions. At present she lectures at South Bohemian University, České Budějovice, and as a visiting lecturer at several other universities. She also works with a number of other institutions at home and abroad, is a member of the International Romani Union, and is active in the international Gypsy Lore Society. The photographs in the present volume were made between 1956 and 1995. They constitute an artistic document of everyday Gypsy life and the road the Gypsies traveled in this period. The book is introduced with an article by Anna Fárová, a leading historian of Czech photography, and an article by Jana Horváthová, Director of the Museum of Romani Culture, Brno.

Etnografka, socioložka, historička umění a fotografka **Eva Davidová** (* 1932) patří mezi zakladatele české romistiky. Od poloviny 50. let se systematicky věnuje studiu způsobu života a kultury Romů v Čechách, na Moravě a na Slovensku. Z té doby pocházejí i její první fotografie slovenských a olašských romských společenství a první fonografické záznamy romské slovesné a hudební kultury. Jako odborná pracovnice různých vědeckých a kulturních institucí zůstala od dokončení studia na Filosofické fakultě UK až dodnes věrná svému tématu. V současnosti přednáší na Jihočeské univerzitě v Českých Budějovicích a externě i na několika univerzitách dalších, spolupracuje s řadou slovenských a zahraničních institucí, je členkou International Romani Union a aktivně působí v mezinárodní vědecké romistické společnosti Gypsy Lore Society. Fotografie každodenního života Romů z let 1956–95, publikované v přítomné knize, jsou uměleckým dokumentem cesty, kterou Romové za tu dobu prošli. Knihu uvádějí texty Anny Fárové, přední historičky české fotografie, a Jany Horváthové, ředitelky Muzea romské kultury v Brně.

ISBN 80-7215-234-3 $16.95
51695
9 788072 152346
foto@torst.cz www.torst.cz